全体主義の克服

マル
Marku
中島
Nakaj

a pilot of wisdom

「上から」の力によって、
民主主義が攻撃されているわけではありません。
民主主義を破壊しているのはわたしたち自身なのです。

――マルクス・ガブリエル

中島 隆博

一九六四年生まれ。
東京大学東洋文化研究所教授。
北京大学をはじめ各国大学との共同研究教育プロジェクトである
東京大学東アジア藝文書院院長。
専門は中国哲学、世界哲学。西洋哲学の手法を用いた
中国哲学の再読で高い評価を得る。
『共生のプラクシス——国家と宗教』で
和辻哲郎文化賞受賞。

全体主義はすべてを
「一」へと取り込もうとするものです。

市民的服従が
あらたな全体主義の本質です。

マルクス・ガブリエル

一九八〇年生まれ。
二〇〇五年に後期シェリングをテーマにした論文で
ハイデルベルク大学より博士号取得。
二〇〇九年にボン大学哲学正教授に史上最年少で抜擢。
「新実在論」を打ち立て、世界的に注目を浴び、
『なぜ世界は存在しないのか』
『「私」は脳ではない――21世紀のための精神の哲学』が
哲学書としては異例のベストセラーに。

Photo／Mari Kusakari
Design／MOTHER

目　次

はじめに

哲学の使命――中島　隆博　14

哲学でアクチュアルな問題に迫る
ガブリエルさんのパッション――全体主義への批判
全体主義に代わる新しい連帯を

精神の毒にワクチンを――マルクス・ガブリエル　20

全民衆の「パン・デミック」
二一世紀のイデオロギーの弱点
精神の毒にワクチンを
自死的なグローバル化から抜け出し、新しい啓蒙を

第一章　全体主義を解剖する

哲学で全体主義を解剖する
全体主義は公私の境界線を破壊する
デジタル全体主義とテクノロジーの「超帝国」
独裁者なき全体主義
市民的服従による全体主義
民主主義の破壊者はデジタル・ユーザー
シリコンバレーを解体するフランス革命を！
サイバー空間は反民主的である
アメリカから消えた中流階級
アルゴリズム支配と市民宗教
デジタル全体主義に対抗する
規律と主体性という問題

第二章　ドイツ哲学と悪 61
悪とは何か
カントの悪のパラドックス
偽の普遍性と道徳的悪
官僚主義的な悪
普遍的な価値はヨーロッパのものか

第三章　ドイツ哲学は全体主義を乗り越えたのか 75
「普遍」という問題
ハーバーマスvs.フランクフルト学派
禁じられた博士論文
ハイデガーの「黒ノート」
戦後のハイデガー
ハイデガーと京都学派

第四章　全体主義に対峙する新実在論

全体主義の静かな台頭
科学主義という新しい神話
全体主義はすべてを「一」へと取り込もうとする
全体性に抵抗する新実在論
シェリングのつまずき
「超限」とは何か
物理学者との対話
仏と一角獣の新実在論
ギリシアの美しさがもたらす限界
自然法則は捨てねばならない
宇宙の法則は構築的な神話
ガブリエルと自然科学者たち

哲学は科学である
スケールフリーの物理学と哲学

第五章　東アジア哲学に秘められたヒント——143

王弼とシェリング――中国思想のなかの存在論
シェリングの「無底」と王弼の「無谷」
東洋哲学と物理学
無の形而上学
否定神学と王弼
「-ing」という動態的プロセス
シェリングで考える偶然性
シェリングからデリダへ
九鬼周造の偶然性
ユダヤ＝キリスト教の伝統から自由になれるか

自由意志とは何か
趙汀陽の「天下」理論
東洋と西洋の出会い――概念の大きな循環
中心のある普遍性を疑う

第六章　倫理的消費が資本主義を変える

資本主義は差異とその消費から成り立っている
「コトの資本主義」の限界
倫理的な消費を目指す
エネルゲイアとしての消費
弱い規範と「礼」
「人の資本主義」

第七章　新しい啓蒙に向かって

全体主義と普遍
複合語の可能性
世界哲学と権力関係の中立化
「普遍化する」というプロセス
人間という動物の普遍性
倫理を教育する
ハーバーマスの限界
意見の相違が社会の接着剤
中立性のプラットフォームを
グローバルな制度と「新しい啓蒙」
大学における官僚主義的な悪
「複合」のプロジェクトとしての大学
社会的想像と新実存主義

市民宗教の新しいモデル
新しい世代へのメッセージ
偶然に開かれた存在への変容

おわりに

「一なる全体」に抗するために——中島 隆博 244
ガブリエルさんとの邂逅
根底にある全体主義批判
「一なる全体」を解きほぐす

参考文献—— 250

はじめに

哲学の使命――中島 隆博

▼哲学でアクチュアルな問題に迫る

哲学の使命とは何であるのだろうか。それはアクチュアルな問題に迫ることではないだろうか。一般的に哲学は現実に対して遅れてやってきて、もっともらしい解釈を施すように思われている。ヘーゲルの言う「ミネルヴァの梟《ふくろう》」のようなもので、日が落ちつつある黄昏《たそがれ》に活動するというイメージだろう。しかし、それは哲学の一面しかとらえていない。哲学は現実を作り上げている諸要素のひとつであり、哲学を練り上げることによって、そのアクチュアリティを明らかにし、同時に、現実を変容させることができるからだ。

わたしたちは今置かれている現実を十分知ることはできているのだろうか。毎日多くのニュースに晒《さら》され、それに翻弄されることが、現実を理解することにつながるわけではない。その渦中にいる人が、出来事の意味を理解するのは、かなり難しいことだからだ。どこかで振り返ることではじめて、「この出来事はこういう意味であった」ととらえることができる。アリストテレスが「本質」を「ト・ティ・エーン・エイナイ」という複合語で定義したとき、そこには「エーン」すなわち「であった」という過去形が含まれていた。つまり、「本質」とは「これであるとは何であったのか」である。哲学が遅れているのは、出来事の意味を理解するために必要な、構造的な振り返りのためである。

しかも、現実は一種の複雑系をなしていて、それを理解するための外部の足場をぐらつかせもする。わたしたちは現実に関与して生きているのであって、現実を外から単に眺めているわけではない。現実をどう理解するのかそれ自体が、現実に折り返されて、現実を作り上げているのだ。哲学が生み出す概念もまた、現実に折り返されて、現実を作り上げている。そうであれば、現実が抱えるアクチュアルな問題もまた、それへの迫り方によって姿の現し方が変わるはずだ。お寺の鐘を撞《つ》くのと同じで、撞き方によって鐘の音は変わる。哲学の使命は、ちゃんと鐘を撞いてその音を聞くことだ。わたしたちがそこに巻き込まれ、何とか生きている現実は巨大な渦であり、それが生み出す悲鳴や歓声を聞くためには、哲学が鍛え続けてきた概念という棹《さお》を差さなければならない。

▼ガブリエルさんのパッションーー全体主義への批判

この本は、マルクス・ガブリエルさんとの対話である。それは哲学がアクチュアルな問題に迫る姿をさらけ出したものだ。中心になっているテーマは、全体主義、資本主義、そして科学技術が絡み合って作り上げている巨大な渦である。

その渦は哲学と無縁のものではなく、まさにあるタイプの哲学に基づいており、一種の共犯関係が認められるものだ。哲学は安全な外部に立っているわけではない。ということは、哲学を厳しく批判し、読み直し、あらたに定義し直すことがどうしても求められる。それは、哲学の使命を真剣に受け止め直すことなのだ。

哲学の個々の専門分野に没頭するだけで哲学的でいられるわけではない。あるいは、何か壮大な哲学体系を英雄的に構築したところで、それが哲学的なわけではない。

古今東西を貫いて見てみると、おそらく、哲学の最良の部分は対話にある。対話はジャズセッションのようなもので、あらかじめ定められた譜面はない。共鳴するかどうかはやってみなければわからないのである。それはまるでわたしたちの生のようなものだ。偶然に向かって、未知なるものに向かって、実存的に飛び込みながら、少しずつ言葉を獲得し、経験が深められていく。そして、経験に安住することなく、それを織り直し、再び生に没頭していく。この繰り返しのなかで、わたしたちが生きている現実の構造がようやく見えてくる。

しかし、それはひとりでは決して開けない地平だ。哲学は絶対的な孤独を必要とする。「絶対的」という言葉には「断ち切る」という意味があり、慣れ親しんだ自然な関係やものの見方を断ち切って、自分で出発するほかないということだ。とはいえ、それだけでは哲学は自分を食《は》んでしまいかねない。それはもう一度、自分ではない他者につながり直すことをどうしても必要とする。対話というのは、絶対的な孤独の底で出会うことである。

ガブリエルさんに感じたのは、切迫するパッションであった。それはアクチュアルな問題に迫ろうとする哲学的なパッションである。

二一世紀のドイツの哲学者として、戦後ドイツの哲学的課題をどう引き受け、乗り越えるのか。すなわち、全体主義、資本主義、科学技術が作り出す巨大な渦をである。すでに日本でも、ガブリエルさんの資本主義に対する批判はよく知られている。またそれに付随した形で、科学技術への批判も知られているかもしれない。

ただ、その哲学的なパッションの核心にあるのは、全体主義への批判である。「シェリングとアドルノについて博士論文を書きたかったのに、それが禁止された」というエピソードが、ガブリエルさんの哲学的なパッションの形をよく示している。つまり、全体主義を厳しく批判したアドルノを、シェリングの新しい読解の延長線上に置こうと試みたのである。

哲学は全体主義という現実を作り上げるのに大きく寄与してしまったし、それを振り返り反省する際にも、依然として不十分な点があったのではないか。それを乗り越えるために、哲学を刷新し、「新しい啓蒙《けいもう》」にもう一度向かわなければならないのではないか。ガブリエルさんが進めている「新実在論」や「新実存主義」という哲学運動のもとには、こうした哲学的なパッションがある。

▼全体主義に代わる新しい連帯を

一世紀前を思い出してみよう。それは近代のグローバル化がもたらした世界戦争と「スペイン風邪」と称されたパンデミックの時代であった。国際協調が崩れ、ブロック経済による自国第一主義を各国がとったことで、全体主義がさまざまな形をとりながら蔓延《まんえん》していったのである。資本主義や科学技術はそれに対する歯止めにはならなかった。

　では、今日、わたしたちはよりましな世界に生きているのだろうか。新型コロナウイルスが明らかにしたことは、これまで気づかれていた弊害（格差、貧困、差別、非倫理的な大量消費、制度疲弊、神話化された科学主義など）が噴出し、それらへの真剣な手当が求められているということだ。ところが、それに対しては、国際的な連帯を模索するよりも、国家的な統制を強める方向性が出てきている。再びの惨禍を繰り返さないためにも、この一世紀の間に積み重ね洗練してきた知見を使い尽くしたい。

　哲学は役に立たないのではなく、役に立ちすぎてきたのだ。それは無用の用という役立ち方ではない。哲学は概念を発明し、わたしたちの社会的想像を規定することで、実際の政治や倫理の手前で、政治的なものや倫理的なものを提供し続けてきたのである。哲学なしに全体主義はその諸概念を用いることはできなかった。しかし、それは哲学に備わる批判の力を矯めることによってのみ可能であったのだ。今こそ、新しい哲学の役立ち方を考えてみよう。それは、批判の力を通じて、全体主義に代わる万人の連帯のための手がかりを示すはずである。

精神の毒にワクチンを——マルクス・ガブリエル

▼全民衆の「パン・デミック」

グローバルな秩序が揺さぶられている。目に見えず、その規模もよくわからないウイルスが広がっているのだ。どれほど多くの人間がすでに新型コロナウイルスに感染しているのか、これからどれだけの人が命を落とすのか、ワクチンはいつになれば開発されるのか。こうした問いやそれ以外の問いも、誰にも答えられないままである。また、ヨーロッパ全域で現在とられている例外状態という措置が、経済や民主主義にどのような影響をもたらすのかも不明である。

新型コロナウイルスは、単なる感染病ではなく、ウイルス学で言うところのパンデミックである。「パン・デミック」という言葉は古代ギリシア語から来ていて、「全（パン）・民衆（デモス）」を意味する。実際、全民衆、つまり、あらゆる人が同じようにこのウイルスに感染している。

ところが、あらゆる人に関わるという「パン・デミック」の真意に、わたしたちは気づいていないようである。新型コロナウイルスへの合理的な対応として、人々を国境のうちに閉じ込めることがなされているが、ドイツとフランスの国境が閉鎖されたことを、ウイルスは気にかけるのだろうか。ウイルスを食い止めるために、ほかの地域から隔離する必要があるとしても、なぜそれがスペインといった国家単位だったのだろうか。

これに対する答えは次のようなものだ。健康保険制度は国家的な問題であり、それぞれの国家はその国境内で、病人の面倒を見なければならない。

これは間違ってはいないが、実に問題含みでもある。というのも、パンデミックは万人に関わるからだ。つまり、わたしたちはみな、人間であるという見えない絆《きずな》でつながっているということである。ウイルスの前では、万人が平等である。そう、ウイルスを前にしてようやく、人はもう一度人間になるのだ。

その人間は、動物のあるひとつの種であり、人間に対して致命的にもなるこのウイルスの増殖にとってたまたまよい宿主であった動物である。

一般的に言って、ウイルスは未解決の形而上学的問題である。ウイルスが生きているのかどうか、誰もわからない。これは、生命についてのはっきりとした定義がいまだにないためである。いったい生命はどこから始まるのだろうか。このこともわかっていない。それはDNAやRNAがあればよいのか。それとも、自己増殖できるような細胞が必要なのか。本当のことを言えば、わたしたちはわかっていないのである。それはちょうど、植物、昆虫、さらにはわたしたち自身の肝臓が、意識をもつ存在であるかどうかもわからないというようなものだ。ひょっとすると、この地球の生態システムがひとつの巨大な生命機構であることが判明するかもしれない。また、新型コロナウイルスは、貪欲な利益追求のためだけに数えきれないほどの生き物を殺してきた人間の驕《おご》りに対する、この惑星の免疫反応なのかもしれない。

▼二一世紀のイデオロギーの弱点

新型コロナウイルスは、二一世紀に支配的なイデオロギーのシステム的な弱点を暴露している。そのシステム的な弱点には、科学と技術の進歩だけで、人間的かつ道徳的な進歩を駆動できるという誤った信念も含まれている。

この誤った信念は、科学の専門家が普遍的な社会問題を解決できると、わたしたちに信じこませもするものだ。しかし、それはわたしたちの危険な思い違いである。新型コロナウイルスはこのことをはっきりとわかりやすく証明している。

当然、わたしたちはウイルス学者に相談しなくてはならない。ウイルス学者だけが、ウイルスを理解させてくれ、それを食い止め、人命を救うことができるからだ。

けれども、ウイルス学者が、毎年二〇万人以上の子どもが、汚れた水が原因のウイルス性下痢症で命を落としていると言っても、誰も耳を貸してはいない。なぜ誰もそうした子どもに関心を寄せようとしないのか。悲しいかな、その理由は実に単純である。そのような子どもは、ドイツ、スペイン、フランス、イタリアには住んでいないからだ。

もちろん、この答えは完全に正しいわけではない。というのも、ヨーロッパの難民収容所には、そのような子どもたちがいるからだ。わたしたちの大量消費システムが引き起こした不正義の状況から逃げてきた結果、その子どもたちはそこにいるのである。わたしたちは消費者として、その不正義の状況に対して、一定程度の責任がある。

道徳的進歩なしには、真の進歩はない。人種差別的偏見があらゆるところで明らかになるなか、パンデミックはこのことを教えている。ドナルド・トランプは、ウイルスを何としても中国の問題として描きたがったし、ボリス・ジョンソンは当初、英国を社会ダーウィニズムの道に導き、優生学的集団免疫の獲得によって解決しようとした。また、多くのドイツ人は、自分たちの健康保険制度がイタリアよりも優れており、この危機をよりうまく統御できると考えた。どれも危険なステレオタイプであり、愚かな偏見に満ちている。

▼精神の毒にワクチンを

わたしたちはみな同じ船に乗っている。このことは何も新しいことではない。二一世紀とはそれ自体がパン・デミックであり、グローバル化という感染が拡大した世紀である。新型コロナウイルスが明らかにしたのは、すでにあった事態にすぎない。つまり、わたしたちには、まったく新しいグローバルな啓蒙の理念が必要なのだ。

このことをペーター・スローターダイクは適切な言葉で表現している。わたしたちに必要なのは、共産主義ではなく、共免疫主義（Ko-Immunismus; co-immunism）である。共免疫主義とは、精神の毒に抗するワクチンを打つことである。つまり、お互いに競争させられている国民文化、人種、年齢集団、階級にわたしたちを分断していくような精神の毒に抗してワクチンを打たなければならない。

今、ヨーロッパでは、前例のない努力で連帯して、病人と老人を守っている。そのために、子どもを隔離し、教育機関を閉鎖し、医学的な例外状態を生み出している。また、途方もない額の投資をして、経済を押し上げようとしている。

しかし、新型コロナウイルスの爆発的感染の前に歩んでいたのと同じ道を進み続ければ、わたしたちはよりひどい危機に直面することだろう。それはより危険なウイルスであって、その台頭を止めることはできない。すなわち、そのウイルスとは、EUとアメリカとの経済戦争の継続であり、人種差別とナショナリズムの広がりである。後者は、わたしたちが、独裁者である殺人鬼に武器と化学兵器作製の知識を与えたために、ヨーロッパへの亡命を余儀なくされた移民に向けられたものだ。

そして、忘れてはならないのが、気候危機である。それはどんなウイルスよりもずっとひどいものだ。なぜなら、気候危機は人間の生命に段階的な自己絶滅をもたらすものだからだ。新型コロナウイルスは、この人間の生命が自己絶滅するプロセスをわずかの間スローダウンさせているにすぎない。

新型コロナウイルス以前の世界秩序は、正常なものではなく、致命的なものであった。なぜ、交通システムを変えるために、今投資しようとしている額と同じ額を投資できないのだろうか。なぜ、経済界の重鎮が無闇にプライベートジェットを飛ばしてビジネスミーティングに参加する代わりに、その会議をオンラインで行うよう、デジタル技術を使わないのか。

　科学と技術によって現代世界のあらゆる問題を解決できるという誤った信念に比べれば、新型コロナウイルスはそれほど有害ではない。わたしたちがこのことを理解するときはやってくるのだろうか。

▼自死的なグローバル化から抜け出し、新しい啓蒙を

　これはヨーロッパの人だけでなく、万人への呼びかけである。必要なのは新しい啓蒙である。誰もが倫理的なトレーニングを受けなければならない。そうすることで、科学と技術へのやみくもな服従が引き起こす甚大な危機を十全に認識できるようになるのだ。

　もちろん、ウイルスに対してあらゆる手を尽くして戦うことは正しい戦略であった。わたしたちは突如として連帯し、道徳の波を経験している。これはよい進展である。けれども、同時に忘れてならないのは、わたしたちが科学的専門知識を蔑むポピュリズムから、わたしのニューヨークの友人が「科学に服従する北朝鮮」と的確に表現した例外状態へと、わずか数週間のうちに移行してしまったことである。

　わたしたちはグローバル資本主義の感染の連鎖を認識しなければならない。グローバル

資本主義は自然を破壊し、国民国家の市民を鈍感にすることで、わたしたちをフルタイムの観光客と商品の消費者にしたてあげる。それは、長い目で見れば、グローバル資本主義によって、すべてのウイルスを合わせたよりも多くの人を殺すことになるのだ。

哲学的な結論は、自死的なグローバル化から抜け出すための唯一の方法は、心なき定量的な経済論理に駆り立てられて競争し合う国民国家の集まりを超えた世界秩序であるというものだ。しかし、この結論を多くの人が無視するなかで、医学的もしくはウイルス学的な発見から連帯がもたらされることなどあるのだろうか。

ウイルスのパンデミックの後に必要なのは、形而上学的なパン・デミックである。万人がすべてを覆う天のもとにいて、そこから逃れることはできない。わたしたちは今も、これからも、地球の一部である。わたしたちは今も、これからも、死すべき存在であり、弱いままであり続ける。

だから、わたしたちは形而上学的なパン・デミックという意味での地球市民・世界市民になろう。ほかの選択肢を取るとわたしたちは終焉を迎えることになる。そうなると、いかなるウイルス学者であってもわたしたちを救うことはできないのだ。

第一章　全体主義を解剖する

▼哲学で全体主義を解剖する

マルクス・ガブリエル（以下、MG）　今、哲学者が真っ先にすべきことは、現在起きている現象について、よりよく理解できるようにすることです。たとえば、ポピュリズムという言葉が飛び交っています。しかし、今の時代状況を説明するのに、ポピュリズムという切り口は、あまりうまいやり方ではないと思います。というのも、ポピュリズムが明確に何を指すのか、誰も説明できていないからです。

ポピュリズムとは何なのか。多くの人が嫌う「何か」であることはわかります。それでも、その背後にちゃんとした理論があるわけではありません。ポピュリズムという「何か」についておしゃべりをしていて、ポピュリズムにまつわるステレオタイプ的な見方が噴出しているだけです。右傾化、排外主義、外国人嫌悪、あるいは分断を生み出すアイデンティティ・ポリティックスといったものですね。社会のなかの事象を単に知るためだけなら、そうしたステレオタイプ的な見方が役に立つこともありますが。

しかしわたしたちが本当に必要としているのは、この状況を哲学的に、あるいは社会学的にきちんと分析し、診断し、修復することです。しかもその分析は、的を射た本当に優れたものでなくてはなりません。ところが、わたしたちはまだそこにいたっていません。だからこそ、これまでとはまったく違う、あらたな考え方を探究しなくてはならないのです。

ポピュリズムという概念をもち出すのは、現代社会を診断する賢い手法ではありません。それでは、現在の社会状況をうまく説明できないのです。では、現在起きている問題の核心にあるものとは、何なのか。

わたしがまず提示してみたいのは、公的な領域と私的な領域の区別の破壊です。そして、その背景にあるあらたな形の全体主義に現代社会が脅かされているのではないか、と考えているのです。

中島隆博（以下、中島） なるほど、それは重要な問いの始め方ですね。わたしもガブリエルさんの哲学的思考の背景には、おそらく全体主義への問いがあると思っていました。そのために、この対話をしてみたいと思ったのです。

MG ありがとうございます。わたしも中島さんと話すのを楽しみにしていました。とりわけ全体主義がテーマであるならば、本当に真剣に議論したいと思っています。

まずはドイツの状況からお話しさせてください。さきほどラジオを聞いていましたら、ひとつの州でネオナチが関与した殺人を含む暴力事件が続いていて、二〇一九年だけで五件あったとのことでした。それはフランクフルトのあるヘッセン州での出来事で、政治家もネオナチに銃撃されました。ヘッセン州にはかなりのネオナチがいるようで、これがフランクフルトという大都市を抱えるこの州の現状です。「国家社会主義地下組織（NSU）」と呼ばれる運動がドイツ全域にあり、かなり大きなものとなっています。

中島　それは容易に国家社会主義ドイツ労働者党、ナチ党を連想させますね。

MG　ええ、彼らはドイツの正真正銘のネオナチのグループです。ただ彼らが、勢いを増している政党「ドイツのための選択肢（AfD）」とどのような関係にあるのかは、あまりはっきりわかってはいません。AfDを正確に理解するのは非常に困難です。AfDはただの保守なのか、極右なのか。極右だとしても、どの程度のものなのか。そうしたこともはっきりしていませんし、党内にもさまざまなグループがあるようです。

その一方で、NSUに関わる人々は、おそらくドイツ全体の人口の数％はいるはずです。つまり、一定数のドイツ国民が、戦前の国家社会主義を作り上げたような考え方を維持しているのです。

そうした過激な暴力集団は、ナチの下部組織である突撃隊を連想させますが、それ以上のものです。突撃隊はナチが政権掌握する前の一九二〇年代に共産主義者を街頭で殴打したような残忍な人々です。現代のネオナチとはそのような人々です。

ただし、市中でのそうした暴力が、全体主義国家をもたらすわけではありません。そういうものが今、存在しているのはまずいことですが、制度的には脅威ではありません。制度的に本当に脅威なのは、従来とはまったく異なるやり方で登場してくる全体主義です。全体主義がどのようにして生まれるのかを確認するためには、ドイツ、日本、中国、ロシアなどの具体的な状況を見ていかなければなりません。

▼全体主義は公私の境界線を破壊する

MG　こうしたことを踏まえて、現在、ポピュリズムと呼ばれている現象について考えてみましょう。わたしの考えでは、現在起きていることは、全体主義という文脈でとらえた方が適切だと思います。なぜなら、わたしたちが再び今、経験しているのは、公的な領域と私的な領域の区別が破壊されることだからです。

このことは近代と大いに関係がありますので、もう少し詳しく説明します。近代とは、グローバルに生じたプロセスですが、世界にはさまざまな複数の近代があります。日本の近代はほかとは違ったタイプのものですし、ドイツと比べても異なる形で近代に入りました。

しかし、それぞれに異なる複数の近代にも共通していることがあります。それは、私的な領域と公的な領域の間に明確な境界線を引いたということです。

そうした境界線を破壊するのが、全体主義です。全体主義では、あらゆる私的なものが、公的なものになりかわっていきます。あなたの頭のなかの考えでさえもです。

完全な全体主義の体制がどういうものだったのかを、思い出してみましょう。たとえば、中国の文化大革命や戦前日本の全体主義、ナチ・ドイツの独裁体制などです。これらの全体主義の運動を特徴づけていたものは、人々が家族や隣人を攻撃するようになったことです。子どもは親を告発しましたし、誰もが教師や隣人を告発するようになったのです。それはどうしてなのでしょうか。まさしく国家が、人々に私的な生活の空間を与えないようにしたからなのです。

中島　国家によって人々はそうした行動をとるように誘導されていくのですね。

MG　そうです。

▼デジタル全体主義とテクノロジーの「超帝国」

MG　ところが、現代社会で起きているのはあらたな形の破壊です。公的な領域と私的な領域の境界線の破壊の仕方が新しくなっているのです。それは、全体主義的な「国家」が存在しないまま、その境界線が破壊されているということです。かつての全体主義と、現在のあらたな全体主義とでは、そこが大きく違うのです。

中島　全体主義国家は今は存在しないということですね。「国家」としての中国やロシアを全体主義的だとみなさないということですか。

MG　ええ。今、進行している全体主義の核心は、デジタル化です。わたしたちのテクノロジーが「超帝国」なんです。つまり技術そのものとそれを操るソフトウェア企業群が、全体主義的な超帝国を形作っているのです。

各国政府はそれに対抗しようとしています。中国、ロシアだけでなく、米国、英国、ドイツ、フランスなどはいずれも、デジタル化が私的領域を破壊することを食い止めようとしています。これこそが、わたしたちが理解しなければならない、一番大きな潮流です。

現代では人々は自宅にいながら、公的な領域にいます。人々は自分のやっていることを写真に撮り、その写真をオンラインで公開します。Twitter、Facebook、Instagram、

TikTokなどのソーシャル・メディアにですね。

中島　人々は、それを喜んで自発的にやっています。

MG　ええ、みんな、喜んでそれをやっているのです。これこそが新しい現象です。従来の全体主義体制では、人々は自分の考えを隠そうとしました。そして、政府はスパイやカメラを使って人々を捕捉しようとしたのです。

中島　過去には、特別警察のような組織が、私的な領域に入り込んできて調べたわけです。ところが、いまや、特別警察ではなく、人々が自ら進んで公と私の境界線を破壊して喜んでいるということですね。自分たちが何をしているのか、自覚がない。

MG　そのとおりです。

▼独裁者なき全体主義

MG　ひとつ面白いテレビドラマを紹介させてください。BBCが制作した「イヤーズ・アンド・イヤーズ」というシリーズです。ブエノスアイレス出身の友人が教えてくれたものので、あまり知られていないかもしれませんが、素晴らしい番組です。

EU離脱を果たした二〇一九年のイギリスを舞台に物語は始まり、一五年後までの近未来を描いていくのですが、物語ではすべてが悪い方向に向かっていきます。デジタル時代となり超人類たちが登場し、中国は核攻撃を仕掛けられ、マイク・ペンスが米国大統領に就任します。ドイツは右翼が跋扈《ばっこ》し全体主義化し、スペインは左翼的な全体主義化を迎えます。これから起こりうることをさまざまに描いています。

この作品に出てくる、出来事すべてに共通していることは何でしょうか。それは、人々がかなり後になって、ようやく自分たちがしたことに気づく、ということです。

中島　それは、現実の社会でも同じですね。

MG　現代では、人々は全体主義を心配し、独裁者の登場を怖がっています。けれども、独裁者などいないのです。人々は、ドナルド・トランプ、ボリス・ジョンソン、習近平《シージンピン》、ウラジーミル・プーチン、レジェプ・タイイップ・エルドアンといった人物を注視しているのですが、自分たちが彼らを選んだことに気づいていません。これが民主主義です。

今挙げた政治家は、みな民主的に選出された指導者です。中国の習近平だってそうです。二〇世紀的な定義で言えば、中国が独裁国家だというのは、決して正しい説明ではありません。

中国が専門の中島さんは詳しくご存知のように、中国共産党には約九〇〇〇万人の党員がいて、非常に複雑なプロセスを経て最高指導者を選んでいます。それは、巨大な党のなかで行われる、激しい競争による不安定で混沌《こんとん》としたプロセスです。

中島　ええ、本当に複雑なプロセスです。

MG　そういう意味で言えば、中国は独裁体制ではありません。習近平が死んでも中国の政治が大きく変わるわけではないし、人々は習近平を追い出すこともできます。毛沢東と同じというわけではないのです。いや、毛沢東でさえそれほど単純ではありませんでした。いずれにせよ、独裁体制ではないのです。

中島　わたしたちは独裁者のいる全体主義を考えてはいけないわけですね。

▼市民的服従による全体主義

MG　ですから中国も含めて、今わたしたちが目撃しているのは民主主義の病理です。「上から」の力によって、民主主義が攻撃されているわけではありません。それは、わたしの言葉では、「市民的服従」によるものだと思います。

中島　市民的不服従は長い歴史をもつ概念ですが、それとは対極的に、市民的服従だと考えるのですね。

MG　まさにそうです。市民たちが自ら擬似独裁を生み出しているのです。だって、彼らはみんな選挙で選ばれているのですから！

ドナルド・トランプに批判的な人たちが忘れているのは、彼が通常の手続きで選ばれたアメリカ大統領であり、わたしたちが知る限り、違法なことは何もしていないということです。すべては完全に合法的で民主的です。トランプに非民主的な要素はゼロなのです。

そうすると、彼を反民主主義者だと考えることは、わたしたちが制度を理解していないことを意味します。形式の上では、トランプがやっていることはすべて合法的なのです。わたしたちはそのことを好まないかもしれませんし、わたしも好みはしませんが、診断の結果は好き嫌いとは関係ないのです。

中島　芥川賞という権威ある文学賞をとったわたしの友人が、こう語ってくれたことがあります。「わたしたちは未完の全体主義しか経験していないのではないか」。ところが、いまや完成された全体主義が、まったく違った方向からやってきました。市民的服従はそれをよく象徴していますね。まったく同感です。

MG　ええ、そうです。市民的服従があらたな全体主義の本質です。あらたな全体主義において、独裁者は市民的服従の結果を表現する「メディア」にすぎません。

▼民主主義の破壊者はデジタル・ユーザー

MG　民主主義が自壊していくこうしたプロセスの背景にあるのは、デジタル製品のユーザーの行動だと思います。民主主義を破壊しているのはわたしたち自身なのです。

民主主義とはそもそも何か。「上」の指導層を「下」から作り上げていくことですよね。もし「上」の指導層に問題があるなら、それを選んだ「下」の人々に問題があるわけです。トランプは、どこからともなく突然降ってきたわけではありません。

一方、アドルフ・ヒトラーはどこからともなくやってきました。それがオーストリアから来たのだとしてもです。ワイマール共和国は危機に陥っていました。経済危機に加えて多くの危機がありました。そこに外からある人がやってきて、驚くほど賢明で邪悪な戦略によって、独裁の機会をつかまえたのです。

しかし、トランプは外から来た人ではありません。トランプは中の人で、アメリカの「下」から作り上げられた人です。プーチンやエルドアンも同様で、彼らは人々が思っているよりずっと民主的に選ばれています。つまり、独裁の根はいたるところにあるのです。それは市民の行動のなかにあるのです。

ですから、この新しい全体主義を食い止めるためには、人々が自分の行動を認識することが必要です。それがわたしの提案したいことです。人々は自分が何をしているのかを知らないのです。

支配のために人々はマーク・ザッカーバーグを必要としていませんし、ザッカーバーグも人々を支配する計画を必要とはしていません。彼に必要なのは、二者択一を人々に強いる非常に単純なアルゴリズムだけです。

Facebookのアルゴリズムの元々のものは、今のTinder（アメリカの出会い系アプリ）のようなものでした。ハーバード大学在学中に、ザッカーバーグはFacebookの前身となるアプリケーションを作りました。そのときに使った元のアルゴリズムは、学内の女性の写真を二枚並べ、どちらに魅力があるかどうかを投票し、勝ち抜き戦をするというものです。その延長線上にあるFacebookは、結局は、複雑化された差別のマシーンにすぎません。Twitterなども同様です。それらはすべて好きか嫌いかに基づいているのです。

中立的なものはないがしろにされ、「中立？　なんだよそれ」となるのです。もし現実が好きなことと嫌いなことに峻別《しゅんべつ》されるのであれば、中立的な立場は明らかに存在しないことになります。

▼シリコンバレーを解体するフランス革命を！

中島　では、どうすればわたしたちは、中立的な領域を取り戻したり、私的な領域と公的な領域との区別を見出《みいだ》すことができるのでしょうか。

MG　偶然ですが、スペインのメディアからも同じことを聞かれました。そうそう、そこでわたしは「インターネットを悪魔とみなす哲学者」と呼ばれたんですよ。五月一日のインタビューでしたから、メーデーですね。そのときに、「シリコンバレーは犯罪者だ」「殺人ロボットを止めろ」とそのインタビューでは言ったと報道されたのです。

中島　それは実に興味深い。

MG　それには、もちろんちゃんとした理由がありました。こんなふうに考えてみてください。わたしたち全員が、インターネットのために働いているのかもしれないと。わたしたちがGoogleを使うと、Googleにはお金が発生します。それなら、ユーザーは労働者じゃないですか。

余剰価値（労賃以上に労働者が生産する価値）をGoogleのためにユーザーは生み出しているのです。誰かがクリックするという労働をするたびに、多くのデータが生み出され、

Googleはそのデータをお金に換えることができます。しかし、GAFA（Google、Apple、Facebook、Amazon）からはわたしたちに何の見返りも支払われていません。

中島　GAFAに「搾取」されていると考えているのですね。

MG　ええ、インターネットのために働く人々は、デジタル・プロレタリアートです。わたしが提案したのはデジタル革命が必要だということでした。デジタル生産物はあるのに、デジタル革命はありません。「シリコンバレーの魔女たち」に奪われたコントロール権を、市民は取り戻さなければならないのです。

一八世紀にフランス革命が必要だったように、今日ではデジタル革命が必要です。民主的な方法で「シリコンバレーの魔女たち」を王座から退位させなくてはなりません。

中島　なるほど。

MG　今の状況は、ドイツの法律に照らしても違法のはずです。GoogleやFacebookといったソーシャル・メディアは、わたしたちの「労働」によって発生したデータから得たお金を、彼らのために働いているわたしたちに払っていないからです。

ドイツでは、最低賃金が定められていて、時給は九ユーロほどでしょうか。たとえば、わたしがスマートフォンやタブレットを一日二時間ほど使っているとしたら、一八ユーロ分の賃金を要求できるのです。一八ユーロから、システム利用料を差し引いてくれてもかまいません。一週間どのサイトにどれだけの時間使っているかは、わたしのiPhoneが教えてくれますから、毎週賃金を要求できます。ソーシャル・メディアは、わたしたちが利用しているのだと言うかもしれませんが、多くのデータからお金を発生させている以上、労働の対価を支払うべきです。GAFAに課税せよという議論が盛り上がっていますが、わたしに言わせれば着目すべきは税金じゃない。

中島 そのアイデアは非常に素晴らしいですね。数日前、たまたま日本で、事後の課税について議論しました。事後に課税する方法は、お金や時間を再分配するにはいい方法じゃないんですよね。課税以外の新しい分配の方法を考えるべきだという議論をしたばかりです。

MG この話は、文字どおり「権利の獲得」に関わる話です。ドイツでは、人々は最低賃金を受け取る権利があります。しかし、デジタル企業のために働いても、賃金は支払われません。

もし賃金が支払われるようになれば、すべてが変わるでしょう。GAFAの製品やサービスも変わることでしょう。というのも、ユーザーの新しい行動に適応しなければなりませんから。人々も自分の時間の使い方に真剣になるでしょう。自分が「働いている」ことに気づき始めたら、そうなりますよ。自宅にいても、画面をスクロールするだけで、働いていることになるわけですから。「日曜日に働くべきなんだっけ?」と考えるかもしれません。

今日が日曜日だったとしましょう。人々は、家族とともに時間を過ごすこともできるし、あるいは、家族と過ごす時間の写真を撮ることもできます。でも、家族の写真を撮ることは仕事だということがはっきりすれば、家族と本当の意味では一緒に過ごしていないと気づくことでしょう。GAFAが何をしているのか、今は見えていませんが、その構造が可視化されるのです。誰もが写真をのべつまくなしに撮っているのに、誰にも賃金は支払われていないのです。

中島　今の話を聞いて、オーストリアの哲学者イヴァン・イリイチのことを思い出しました。彼は一九八〇年代に「シャドウ・ワーク（影の労働）」について問題提起をしました。シャドウ・ワークとは、子育てや家事労働のような無報酬の労働を指す概念です。彼の思想は一部のフェミニストに攻撃されました。

それでも、彼の真意は、このシャドウ・ワークという概念によって、新しい民主主義の議論を開拓しようとした点にあったと思います。そして、わたしたちの時代の主要な経済的な現実としてデジタルなシャドウ・ワークがあるということですね。

MG　そう、わたしたち全員がそのシャドウ・ワークをしているんですよ。シャドウ・ワークが問題なのです。トランプやその他の現象はすべてその帰結ですから。

▼サイバー空間は反民主的である

中島　数年前にGoogleのトップページに関して議論をしたことがあります。Googleのトップページは、Google自身が決定しています。世論調査で決めているわけじゃないんです。その決定プロセスにわたしたちユーザーは参加していません。

もしデジタル革命が起きるとしたら、それはそうした決定にどう影響するのでしょうか。今は市民は何も影響を与えられませんが、しかし、もしあなたのアイデアを真剣に受け入れるならば、民主主義を鍛え直すヒントになるようにも思います。いわば「再民主化」ですね。そのプロセスについてはどのように考えますか。

MG　そこがまさにポイントです。再民主化するためには、まず何よりも人々の「気づき」が鍵になります。ユーザーはインターネットに入るときに、それがまさしく非民主的な空間であることを知らないんですよね。それは民主的な権利が届かない場所なのです。現代において再民主化を行うためには、まずそのことをみんなが認識しなくてはなりません。

Googleの検索エンジンを使う人は、誰もが人権が尊重される領域の外側にいます。ユーザーは、デジタル・プロレタリアートであり、デジタル難民なのです。

だからこそ、わたしはインタビューでデジタル・プロレタリアートやデジタル難民について語ったのです。クリックひとつで、わたしたちは誰もがデジタル難民となります。

具体的な例を挙げましょう。この間ニューヨークで宿泊するために、Airbnb《エアビーアンドビー》である人から部屋を借りました。ちょっとしたトラブルがあったので規約を読んでみると、驚《きょう》愕《がく》してしまいました。Airbnbで部屋を借りる人には、権利が与えられていないのです。

中島　どういうことですか。

MG　通常のアパートの賃貸契約や、アパートの居室の又貸しであれば、借りる人には、アメリカの国内法に基づいて、さまざまな権利が保障されています。住んでいるところが火事にあっても、借りる人の人権や国内的な権利は保障されています。ところが、Airbnbを通じてアパートを借りると、何の権利もありません。警察があなたの住んでいるところにズカズカと入ってきて、あなたを連れ出してしまいます。Airbnb に基づいてある人があなたにアパートを貸し出しているわけですから、あなたとその貸主の間の契約には、国内法の法的拘束力が及ばないんですよ。Airbnb や Uber などは、シャドウ・ガヴァメントと言っていいでしょう。

中島　シャドウ・ガヴァメントとは言い得て妙ですね。

MG　Airbnb や Uber のようなプラットフォーム・サービスに関わる人々は、お金を稼ぐ機会が増えてよかった、と一般には受け止められていますが、とんでもないことです。法の支配を尊重しないシャドウ・ガヴァメントから支払われているのです。

インターネットは非民主的だとさきほど言いましたが、それどころか、インターネットは反民主的です。民主主義を破壊することが、インターネットの本性であり、本質なのです。しかし、それは変えうるものなのです。

▼アメリカから消えた中流階級

MG　昨晩、ニューヨーク大学の経済学教授が書いた、アメリカの消えゆく中流階級に関する研究に目を通しました。消えゆく中流階級は、明らかにこの問題の一部です。

この研究は、アメリカにおいて、ニューヨーク、ボストン、サンフランシスコ、ロサンゼルスなど、魅力的な沿岸部の都市に住むためには、どのくらいの収入が必要なのかというものでした。なんと、子どもがふたりいる世帯では年間四〇万ドルの収入が必要なのだと言うんですね。それ以外の都市では、シカゴはまだ許容範囲でしょうが、アメリカの内陸部の町には、それほど魅力的なものはありません。マクドナルドがあればまだラッキーかもしれません。そうすると誰もそうしたところに住もうとは思いません。

ほかの先進国の中流階級並みの生活をしようと思ったら、沿岸部の大都市に住むしかありません。それ以外ですと、子どものための安全な場所、教育、娯楽、よいレストランといった選択肢がないのです。しかし、かりにニューヨークで歯科医として成功して年間二〇万ドル稼いだとしても、ニューヨークで四人家族が暮らすためには、夫婦そろって歯科医じゃないと世帯は維持できません。課税額や住居費を考慮に入れたら、年収四〇万ドル世帯は貯金なんかできません。安定した生活を送るには、一〇〇万ドル近く稼がなければなりません。

中島　日本やドイツの中流階級並みの生活をするのに、そんなにかかってしまうのですね。

MG　しかし、そんなに稼げる人などほとんどいませんよね。アメリカではもう中流階級は消滅してしまいました。その消滅のひとつの理由が、ニューヨークの金融投機やシリコンバレーのデジタル化です。彼らは住宅市場を破壊し、全米の不動産価格を損なったのです。

ですので、マンハッタンの大不動産王がアメリカの大統領であることは偶然ではありません。今の話と同じプロセスです。わずかに残された中流階級と教養ある人々は、彼を支持しませんでしたが、富裕層と貧困層はこぞって彼に投票しました。それは米国の中流階級が破壊された結果、起きたことなのです。

中流階級の破壊は、アメリカをブラジル化させていると言っていいと思います。今のままのアメリカなら、文字どおりブラジルのようになるでしょう。サンパウロでは、貧しい人々が多く、銃による暴力が横行しています。その一方で、超富裕層は自分の住む高層ビルから別の高層ビルへと自家用ヘリコプターで移動しています。まさしくアメリカも、その方向に向かっているのです。

あるいはメキシコ化と言っても同じでしょう。そのためにトランプは、メキシコ人についてさまざまな妄想を抱いているわけです。これはパラドックスですが、ドナルド・トランプはメキシコ人だと言っても過言ではないのです。

中島　それがトランプが壁を必要としている本当の理由ですね。現代の万里の長城です。

MG　まったくそうです。現実から自分の身を守るために彼は壁を必要としているんですよ。アメリカのメキシコ化です。まったく新しい段階に入っているのです。

▼アルゴリズム支配と市民宗教

中島　しかし、今では、デジタル技術を利用しながら、人々は自分の情報を政府に提供することに熱心になっています。それはほとんど避けられない道です。

先日、中国で、とてもユニークな経験をしました。北京《ペキン》で自分の銀行口座を開く必要があって、銀行に出向き、日本のパスポートを見せたところ、窓口でこう言われたんです。「パスポートだけではダメです。必ず携帯の電話番号を用意してください」。電話番号が身分証明になっていると言うんですよね。仕方なしに携帯電話を現地で買って、壁に貼られていた電話番号からひとつを適当に選びました。それがわたしの身分証明です。これは実に哲学的な状況ですね。わたしのアイデンティティとは何か。それはもはやひとつの電話番号である。

MG　それは、とても「進歩的」ですねえ。

中島　ええ、本当にそうです。わたしたちはこうした現実にすでに突入してしまったのです。

MG　中国の人々は、ひとつのアプリを通じて、完全に政府の管理下に置かれています。地下鉄の乗車、スターバックスでの飲食、書類、笑顔など、日常のありとあらゆる行動が直《ただ》ちにデジタルシステムにフィードバックされています。現実の社会経済的な領域はもはや監視の全体主義的なシステムを逃れられません。

中島　人々はその行動からスコアリングされていますね。

MG　ええ、もちろん、完璧に。スコアリングには、倫理的な行動をしているかどうかのパラメーターも入っています。

Amazonのチーフ・サイエンティストを務めた人物がわたしの知人にいます。ボン大学で物理学と哲学を学んだ人です。上海《シャンハイ》に住んで、社会信用スコアのためのコードを書いています。彼によれば、スコアリングの基準のひとつに、実家を訪ねる頻度があるそうです。スマートフォンを通じて、どこに行くのかが常に記録されているわけですが、両親に会いに行く回数が少ないと、ポイントを失うわけですね。

中島　それはまさに儒教的価値観です。それがデジタルなスコアリングに導入されているのですね。現代中国では、このスコアリングがテクノロジーと結びついて、倫理の基盤になっているわけです。親孝行や、さきほど言及された笑顔もそうかもしれません。そしておそらく中国以外でも同様のことが起きていますし、起きることでしょう。これもまたデジタル全体主義の病理と言えるかもしれません。

MG たしかに倫理的で伝統的な価値観がアルゴリズムとしてプログラムされています。電話を買った中島さんも、儒教に基づくアルゴリズムの対象にされてしまったのですね。儒教なのか、朱子学なのかはわかりませんが。

中島 ある中国の学者は儒教復興に取り組んで、儒教に民主的な次元を見出そうとしていました。もし政府の側に入ったとすれば、儒教的アルゴリズム開発に資しているのかもしれません。

ガブリエルさんは、アメリカの宗教社会学者ロバート・ニーリー・ベラーをご存知でしょうか。彼を有名にしたのは「市民宗教論」です。読者のために説明しておくと、ベラーは「アメリカを支えているのは、市民宗教である」と言いました。「市民宗教」は元々ジャン＝ジャック・ルソーの『社会契約論』にあった概念ですが、ベラーはそれを再定義して、プロテスタントやカトリックなど既存のキリスト教の特定の宗派ではなく、アメリカ全体が一種の市民宗教をもっていて、それがアメリカの精神なのだと言ったわけです。それを反ベトナム戦争の理論的根拠として持ち出して、当時のアメリカ政治を批判しました。

興味深いことに、中国の学者は「儒教は中国の市民宗教である」と考えようとしていました。ベラーを踏まえての議論ですが、なかなかにアイロニカルですね。

▼デジタル全体主義に対抗する

MG　驚くべきことは、中国以外でもこうしたデジタルな支配が進行しているということです。多くの人が中国の状況を知ってショックを受けます。ああ、これこそ『一九八四』だと。誰もがジョージ・オーウェルの『一九八四』を連想しますからね。

中島　しかし、デジタルな支配については、わたしたちも中国と同じことをすでにやっているのです。

MG　中国を批判する人々は、そのことに気づいていないのです。わたしたちもまったく同じ形で、完全にコントロールされています。

中国をはじめ、先進国を覆いつつあるデジタル全体主義に対抗するためには、さきほど提案したように、デジタル革命が必要です。

今直面しているこうした危機への対抗運動として必要なのは、本当の意味でグローバルな新しい哲学だと思います。多くの哲学者がこれに関わらなければなりません。ヘーゲルのような人物がひとり現れればいいというわけではないのです。自分たちを人間として考えるグローバルで新しい知の様態が必要で、それがわたしたちの来《きた》るべき市民宗教になっていくのです。

こうしたことは近代においてすでに生じていました。近代は大きな思想とともに始まり、それにともなって強力なテクノロジーが登場しました。大きな思想と強力なテクノロジーが近代の産業化の根源にあったのです。政治理論と新しいテクノロジーがなければ、産業革命の大きな波は起きませんでした。

そして、思想、技術、産業などが出そろったところでフランス革命が勃発します。それは大爆発であり、この革命が引き金となって、新しい効果が生まれました。つまり、地球上のほかの地域でも同時多発的に、あらゆる種類の革命が相次いだのです。

フランス革命に似た何かが、時代を変えるために今、必要とされています。わたしはそれをデジタル革命と呼んでいます。デジタル時代のフランス革命といったところでしょうか。デジタル革命には、新しい心の枠組みを作ることが必要です。哲学という名の、最高レベルのソフトウェアで、新しい思考のモードを作らなくてはなりません。

伝統的な哲学からだけでは、現代の課題は解決できません。わたしたちが抱えている課題は、これまでの哲学が予期できなかった厄介なものだからです。最良と考えられる伝統的な哲学でさえ、デジタル時代を理解できないでしょう。老子、プラトン、デリダは、二一世紀に入って顕在化したソーシャル・スコアやスマートフォンなどの問題を予期できなかったと思います。それらはまったく新しい課題なのです。

▼規律と主体性という問題

中島　ただ東アジアには、デジタル化よりもはるか昔から、ソーシャル・スコアを使ってきた長い歴史があります。たとえば、中国で生まれた「功過格《こうかかく》」という道徳の採点表があります。明《みん》の時代に庶民に広まり、日本にも伝来しました。一部の日本人や中国人は、毎晩このスコアカードを使って、自分の日々の行いを採点したのです。「今日は、二点、得点したぞ」という具合に。

これは、デジタル時代のスコアリングと原理的には同じです。当時の人たちにとっては、その採点表が倫理の基盤でした。おそらく、後で倫理の話をまとめてすると思うのですが、わたしたちはあらためて現代の倫理をどう構想するかという問題に突き当たっているのです。

MG　それは実に面白い、自己統治の形式ですね。主体の歴史を考えるのに、素晴らしい事例です。

中島　わたしたちは、いまやそれのデジタルバージョンを実行しているわけです。

MG　そう言えば、古代インドにもカルマという思想がありましたね。それもまた一種のソーシャル・スコアではないでしょうか。悪い行いをすると減点されて、来世では今より悪い何かに生まれ変わってしまう。わたしはそれを「マイ・カルマ・アカウント」と呼んで、たとえば自分が冷笑的な態度をとったときに、後で反省して減点したりしています。

それにしても、どうしてフーコーがこれを知らなかったのか、不思議ですね。フーコーは規律と主体性について、歴史を繙《ひもと》きながら議論しましたが、彼が引き合いに出していた事例よりも、アジアの自己規律のやり方、今お話しいただいた中国や日本のソーシャル・スコアの事例はずっと興味深いものです。

フーコーで顕著なのは、歴史から引っ張ってくる事例が西洋由来のものばかりだということです。古代ギリシアやローマの自慰行為の慣習とか、あとはほとんどフランスの事例に偏っています。

この件だけに絞れば、フーコーの言っていることはフランス的なファンタジーです。ローマ帝国がフランスへと発展し、その後すべての人がフランス人になった。それがフーコーにとっての近代の歴史です。明らかに間違っているし、恣意的です。

本来なら、インドの初期の慣習におけるこの種の主体性の起源を含め、語られるべき興味深い話はたくさんあるはずです。誰かが書くべきですよ、アジアのソーシャル・スコアについて。そうしたら、わたしは大喜びで読みます。

ソーシャル・スコアがどのように輪廻《りんね》や救いの考えと関連しているか。これはキリスト教の話とはまったく違う話です。とくに東アジアの人たちは、来世のために点数をつけているわけではなく、現世のために点数を数えているわけです。キリスト教のそれとはまったく違うものを想像していたのです。

中島　ええ。点数をつけることは倫理の基盤なんです。キリスト教とも違うし、インドの輪廻の思想とも違う。そこが面白いですよね。中国そして日本では、「功過格」は儒教・道教・仏教の三教が融合して、現世での倫理的行為を促進しようとしたわけです。ただ、それが来世に無関係なわけではなく、現世での倫理的行為が何らかの仕方で来世につながることを、少なくとも道教や仏教は想定していました。とくに仏教は、輪廻や救いと現世での倫理の関係について常に問われてきましたから、「功過格」はそれに答える格好の装置でもあったわけです。こういったところにも東と西の哲学者が膝を突き合わせて議論する意味があるのです。

第二章　ドイツ哲学と悪

▼悪とは何か

中島　ここでは、全体主義について、悪という観点から考えてみたいと思います。そもそも論なのですが、悪とはいったい何でしょうか。

ドイツ哲学の伝統で言えば、たとえば一八世紀にカントは『たんなる理性の限界内の宗教』のなかで「根元悪」という概念を提唱しました。人間の本性には悪に向かう傾向がある。こういう傾向を自分の意志で選び取ってしまうことを、カントは根元的な悪と呼びます。

しかし二〇世紀に入ると、わたしたちは、別のタイプの悪に直面するようになります。全体主義に代表されるタイプの悪です。全体主義のもとでナチス・ドイツがユダヤ人に対して行った虐殺を「極限的な悪」と呼んだ哲学者もいます。ここには、カントのように個人の悪ではとらえきれない官僚主義的な悪の問題があります。

二一世紀の全体主義に対抗するために、悪という問題を哲学はどのように考えることができるのか。そうした議論をここではしていきたいと思います。

MG　今、中島さんのおっしゃったカントの根元悪について考えてみましょう。カントが根元悪と呼ぶ悪は、単に「ひどい」という意味ではありません。この背景にはあるパラドックスがあります。つまり、ほかにやりたいことがあるにもかかわらず、道徳的な善を行うことに由来するものです。これを理解すれば、解決を見出すことができます。

カントの根元悪を理解するためには、まずカントが自由をどのように考えたのかを知る必要があります。カントにとっての自由とは、欲望のままに何かをすることではありません。それとは逆で、道徳的な善を行うにあたって、欲望を乗り越えて、善を行うことを自由と呼んでいます。

想像してみてください。わたしが国税庁の目を盗んで脱税をしたいという欲望にかられ、脱税を試みたとしましょう。しかし、そこで欲望のままに脱税するのでは、カント的な意味での自由ではありません。その欲望に逆らって、「納税は義務だし、払えば貧しい人の助けになるし、道路や水道も整えられる」と道徳的に考え、正しく税を納めることを意志する。これがカントの考える自由です。繰り返しますが、自由とは、欲望のままに何かをすることではありません。

カントは、こうした自由から善を説明します。カントの言う純粋な善とは、自分がそれを欲するかどうかと関係なく、理性の命令に従って義務を実践することを言います。たとえばカントによれば、「嘘をついてはいけない」は理性が命じる絶対的な命令です。欲望に逆らって、なすべきことをせよ。それが定言命法ですね。自分の欲望とは無関係に、こうした絶対的な命令を行うことこそ純粋な善だとカントは言うのです。

それに対して、カントの言う根元悪とは、生理的な欲望とでも呼ぶべきものに純粋に従って行為してしまうことを言います。レイプや快楽的な殺人犯は、まさに根元悪の例に当てはまるでしょう。こうした行動は、カント的な意味での自由とは言えません。なぜならその人の行為の動機は必要に迫られたものであって、それをなすように強制されているからです。

このことが行為者としての人間の基本構造だとカントは考えます。もしあなたが善をなすことができる行為者であれば、同時に悪をなすこともできる。つまり、わたしたちが悪をなすことが人間の自由の条件であることをカントは発見したわけです。

▼カントの悪のパラドックス

MG　悪に対するカントの見方は、一般に思われているよりもはるかに興味深いものです。厳密に言うと、カントはいわゆる根元悪について議論しているのではなく、人間の本性の根元にある悪について議論しているのです。

カントによれば、わたしたちはしばしば欲望から物事を行います。そして、わたしたちのある行為は欲望から行われ、他の行為は（純粋に）道徳的であるというその事実自体が、根元的な悪だとカントは考えているのです。つまり、人間の道徳は根元悪の一部であり、それがパラドックスなのです。つまり、わたしたちが悪であることが、人間の自由の可能性の条件であることをカントは発見したわけです。

それをカントから引き継いだのが一九世紀前半に活躍したフリードリヒ・シェリングです。シェリングは、何者かであること、個人であること、つまり自らが精神的な経歴を有しているというだけで、悪であると考えました。シェリングにとって、何者かであることと悪であることとは同じなのです。

だからこそ、後にシェリングは、こうしたカントや前期の自分の考えを、後期の神話の哲学において批判したのです。それに関する有名な一連の講義は、キルケゴールに大きな影響を与えました。

後期シェリングの批判は、カントの道徳哲学は自死への呼びかけであるという点にあります。なぜなら、カントによれば、人は自分の個人性を捨てなければならず、完璧に道徳的な存在になると、それはもはや人間ではなくなるからです。カントにとって、完璧に道徳的な存在は神かイエス、つまり彼が「聖なる意志」と呼ぶものなのです。

そうすると、カントによれば、人は完全には善になることはできず、もがき続けることになります。ヘーゲルとシェリングは、こうした善と悪は同根であるというカントの考えを批判しました。善と悪が一致しているのであれば、悪に堕《お》ちることは運命づけられていることになります。これがカントの善悪についての考え方であり、パラドックスです。

このパラドックスは、本質的なところで言えば、ルターが導入したものです。正確に言えば、ルターが『キリスト者の自由』のなかで述べたものです。また、サルトルが「わたしたちは自由であることを運命づけられている」と言ったときにも見られるパラドックスです。

しかし、これもまたパラドックスなのですが、このパラドックスは全体主義の悪については何も述べることはできません。そのように述べているように見えたかもしれませんが、カントやショーペンハウアーが言っているのは、二〇世紀に始まった官僚主義的な悪としての全体主義の悪ではないのです。官僚主義的な悪は、彼らにとっては考えられなかったことだったと思いますし、おそらくはカントもジェノサイドが悪であることは認識できなかったでしょう。

しかも、彼らはみな帝国主義の擁護者でした。カントには人種差別的な面が強くあり、明らかに奴隷制度を擁護していました。カントは、黒人は肌の上に黒い「染付け」があるために怠惰であると考えます。なぜならその下にある物質〔フロギストン〕のために、動くのが困難だからだというのです。

その上、黒人は道徳的であることもできないとまで考えます。したがって、黒人のためにできる最善のことは、彼らを白人のために働かせることであり、それは、黒人を文明化する助けになる。黒人を奴隷にして、目的のための手段として利用しても問題ないとカントは考えていたのです。

▼偽の普遍性と道徳的悪

MG　わたしが思うに、二〇世紀の恐怖を目撃した後、わたしたちは道徳的に大きく進歩したと思います。その恐怖は、戦争による大量死やホロコーストといった、「公的な恐怖」や「社会的な恐怖」だったからです。カントやヘーゲル、トマス・ホッブズなどのような人々は、殺人を目にはしていましたが、このような公的な恐怖は見えていなかった。殺人は日常の出来事だったからです。

中島　そうした理論で、全体主義の悪や官僚主義の悪を分析するのは、限界がありますね。

MG　わたしたちに必要なのは、二〇世紀に目撃した完膚なきまでの暴力としての根元的な悪に対する新しい理論です。それは、以前の時代には単に知られていませんでしたし、目に見える形には現れていませんでした。新しい理論が必要です。

わたしの見立てはこうです。シェリングの考え方には秘められた可能性があって、シェリングを用いれば強制収容所のような悪を理解できます。なぜなら、彼は道徳的悪の可能性を見ているからです。「やりたいわけではないが、やらねばならない」といった面が、カントの定言命法のダークサイドだと考えたのです。道徳的悪は一種の倫理的テロリズムです。偽の普遍性を定義し、個別性を根絶してしまいますから。

たとえば、ナチスのように「ドイツらしさ」という考えをもった人がいたら、偽の普遍性を定義して、そのカテゴリーに当てはまらないものをすべて破壊することもありえます。実際、ナチの官僚たちは、自分が正しいことをしていると信じている人に特有の完全な完璧さをもって、破壊を続けていたのです。

▼官僚主義的な悪

中島　ドイツが全体主義の悪を経験したその後に、全体主義の悪を批判する思想家が現れました。フランクフルト学派のホルクハイマーやアドルノです。彼らは、西洋的な理性が他者を支配する手段としての道具となり、文明化を進めるはずの啓蒙がその反対物に転化することで、ナチズムという新しい野蛮をもたらしたと考えました。つまり、ユダヤ人大量虐殺（ジェノサイド）は、彼らを収容所に移送する計画を冷徹に「計算」して実行する理性に支えられていたわけです。

MG　ええ。ですので、ナチスや日本の特攻隊を病的で常軌を逸したものだと考えるのは、間違っています。わたしたちはそう信じたいのですが、しかし、そうした人々が効率的に戦争を組織できるわけがありません。

　ドイツと日本という小国があんな戦争をやってのけた。日本は、中国とその他アジアの多くを侵略しましたが、小さな島国がアジア全域を支配するためには何が必要だったのか。官僚的に組織化されていなければ、そんなことはできはしません。だからナチも大日本帝国も、完璧に組織化された官僚制であり、それこそが現代の悪の形なのです。

　官僚主義的な悪は、病的なのではありません。むしろあまりにも正確なのです。これこそが、カントが見過ごしていたことです。アドルノとホルクハイマーが「道具的理性」〔目的を実現するために最も効率的な手段として理性を用いるもので、目的それ自体を思考し反省することを失っている状態〕と呼んだものこそが、官僚主義的な悪の本質なのです。

中島　あなたならこうした官僚主義的な悪をどのように説明しますか。

MG　ひとつ例を挙げましょう。ドイツのキリスト教民主同盟（CDU）の党員は、しばしばこういう主張をします。自分たちがキリスト教に基づく倫理的な振る舞い方を教えなければ、人間は道徳的になれないだろうと。

生まれたばかりの赤ん坊は、そのままでは道徳的ではありません。ライオンやクマがそうするように、何らかの振る舞いはしますが、それは倫理的なわけではないのです。それゆえ、キリスト教のような、たまたまある広がりをもって作り出されたソフトウェアをインストールして、彼らが道徳的になるように導かねばならないというわけです。

これは教育についてのひとつの考え方です。動物のような非道徳的な行為者に倫理という形式を押しつけるということですね。猿やミツバチあるいは虫はさほどよくはならないのに対し、人間の赤ん坊は道徳的になりうる点でよりましだというわけです。

わたしはこれが、官僚主義的な悪の形だと思います。官僚主義的な悪とは、人間の行為を構造化し、たまたまある地域で生み出された倫理に対応させようとする考え方です。文化相対主義も同じ考えです。文化相対主義と官僚主義的な悪は、おそらく同じ根を有していると思います。

中島　興味深い見方です。二〇世紀の日本は近代的な官僚制度を構築して、国家主義的な言説を強化していきました。とくに戦前の日本政府は、日本という地域の価値を強調する文化相対主義に基づいて、新しいタイプの道徳教育を学校に導入したのです。

一方、現在の中国を見てみると、やはり中国的価値を強調し、道徳教育に力を入れています。

▼普遍的な価値はヨーロッパのものか

MG　そうした近現代の文化相対主義は、普遍的なものはヨーロッパ的なものであるという、恐るべき議論を利用しています。普遍的なものがヨーロッパ的なものであるということが、もし正しいとしたら――本当は正しくはないのですが――中国人はこんなふうに言うこともできます。「ご覧なさい、普遍的なものはヨーロッパからの舶来品です。なぜわたしたちがそれを使わなくてはならないのでしょうか」と。中国的な価値や日本的な価値、ロシア的な価値があるという発想自体、普遍的なものはローカルではなく、ヨーロッパ的なものだというファンタジーが生み出したものなのです。

ここにもまた、官僚主義的な悪が登場します。なぜならこのような発想を制度的な現実に落とし込むと、官僚主義的なシステムができあがるからです。

ヨーロッパの例を挙げましょう。ドイツのウルズラ・ゲルトルート・フォン・デア・ライエンは、メルケル政権の国防相を務めたのち、現在はEUの欧州委員会の委員長を務めています。

彼女は、欧州委員会の会合で、「ヨーロピアン・ウェイ・オブ・ライフ（ヨーロッパの生活様式）」の推進を宣言したのです。これは要するに、EUの国境保護機関である「Frontex（欧州対外国境管理協力機関）」が多額の費用をかけて、軍用艦を浮かべ、地中海に「壁」を構築することを意味しています。それはトルコと結んだおかしな取引で、移民対策です。つまりトランプの「メイク・アメリカ・グレート・アゲイン」のヨーロッパ版です。しかし、誰もそのことに気づきません。

ヨーロッパの人たちは、ヨーロッパの諸機関が国境付近で振るっている暴力をほとんど知りません。わたしたちがそこに目をつぶっているのは、ヨーロッパが道徳的で普遍的な場所であるという自己イメージをもっているからです。

もしあなたが、サハラ以南のアフリカの国から歩いてリビアに向かい、そこからベルリンに行くとしましょう。そうしたら、まったく異なるヨーロッパ像に出会うことになります。結局、ヨーロッパが実際にやっていることは、ヨーロッパという構築されたイデオロギーの下に隠されてしまっているのです。

第三章　ドイツ哲学は全体主義を乗り越えたのか

▼「普遍」という問題

中島　第二章の終わりで、「普遍的なものは、ヨーロッパ的なものである」という間違った認識が、ヨーロッパにもその外にも根強く残っていることをガブリエルさんは指摘なさいましたね。ヨーロッパが自らを普遍であると称したことは近代の大きな特徴です。一方で、ヨーロッパの外は特殊なものであるとみなされ、ヨーロッパの普遍のなかに組み込まれていきました。

しかし、より重要なことは、ヨーロッパの外（たとえば日本）が近代化をしていくなかで、この認識を強化し、近代化していく自分たちもまた、ヨーロッパと同様に普遍的である、いや、よりヨーロッパ的な普遍であると主張していったことです。植民地化されたところが、かえって宗主国の価値を体内化してしまうようなことですね。

だからこそ、わたしたちは普遍という概念をもう一度練り上げ直さないといけないと思います。一般的には、自由や平等そして人権は普遍的だと考えられています。では、ヨーロッパ近代への批判として、こうした価値もまた「ヨーロッパ的な普遍」にすぎないとして捨て去ることはできるのでしょうか。普遍を諦めて、特殊に向かうだけであれば、相対主義の罠が待ち構えています。

わたしは「ヨーロッパ的な普遍」を脱構築しながらも、今度こそ文字どおりに普遍的な普遍を考えた方がよいと思っています。その際、普遍よりも「普遍化する」と言った方がよいのかもしれません。「普遍」という名詞は、永遠不変の本質を有した概念があらかじめあるような印象を強く与えます。それに対して、「普遍化する」という動詞は、ある概念が時間のなかで、普遍的に開かれるように鍛えられていくプロセスに注目させてくれるからです。

▼ハーバーマスvs.フランクフルト学派

中島　このことを念頭において、ドイツの哲学者ユルゲン・ハーバーマスについて議論できればと思います。前章で少し触れたように、フランクフルト学派のアドルノとホルクハイマーは、ヨーロッパ社会を全体主義に導いた「道具的理性」を批判しました。しかしその後、ハーバーマスはもう一度、理性を立て直そうとしました。すなわち、「道具的理性」に対して「コミュニケーション的理性」という概念を置いて、他者とのコミュニケーションによって構成される市民的な公共圏を再構築しようとしたわけです。あなたは、このハーバーマスの議論をどのようにとらえていますか。

MG　ハーバーマスは、アドルノやホルクハイマーの敵なんです。

少し詳しくお話ししましょう。ハーバーマスは、ボン大学で博士号を取得した後、フランクフルト大学でハビリタチオン（大学教授資格）を取得したいと考えていました。しかし、ハーバーマスのボン大学での指導教員がナチ系の哲学者だったという理由で、フランクフルト学派のふたりは彼を受け入れませんでした。公式に拒否されたのです。

その後、ハーバーマスはマールブルク大学でハビリタチオンを取得します。その際の指導教員はヴォルフガング・アーベントロートでした。そして、保守派のハンス・ゲオルク・ガダマーがアーベントロートを支援していました。

ガダマーはフランクフルト学派を破壊するという大きな計画をもっていたのではないかとわたしは推測しています。というのも、ハビリタチオンを取得した後、ハーバーマスはハイデルベルク大学に就職し、一九六四年にフランクフルト大学に移籍したのですが、わたしの知る限りで言えば、この移籍人事に、フランクフルトのあるヘッセン州の大臣とともに、ガダマーが介入したのです。さらにその後、ガダマーは、自分の最も保守的な弟子であったリュディガー・ブプナーを、フランクフルト大学のアドルノの後継者に押し込みます。実はブプナーは、わたしの指導教員のひとりでした。だからわたしは、この一連の経緯を知っているわけです。

そしてついに、フランクフルト学派との戦いにガダマーが勝利します。現在のドイツではヘーゲル学派が分裂していて、左派寄りの国際ヘーゲル・ソサエティとは別に、ガダマーの設立した中道・右派の国際ヘーゲル・アソシエーションがあります。後者はハイデルベルクに本部を置いていて、フランクフルト学派の批判理論〔マルクスやフロイトによりながら、伝統的な啓蒙主義や科学主義を批判し、野蛮と疎外への崩落を食い止める理論〕に対抗しているのです。

彼らは、批判理論を少しずつ効果的にひっくり返していったのだと思います。ガダマーはハーバーマスとブプナーをフランクフルト大学に送り込み、フランクフルト学派を乗っ取ろうとしました。そして二〇〇七年からは、アクセル・ホネットがガダマーが作った国際ヘーゲル・アソシエーションの会長でした。

こういう経緯を目の当たりにしながら、わたしは研究者として育ってきました。彼らは、フランクフルト学派の批判理論を攻撃する計画を本当にもっていたのです。ですから、ハーバーマスをフランクフルト学派と呼ぶことは、フランクフルト学派のメンバーにとっては侮辱的なことであり、彼らを批判することなんです。

ハーバーマスの『近代の哲学的ディスクルス』を読んだことがあるかと思います。それは実に問題含みの本です。最近読み直しましたが、そのなかにデリダとアドルノを批判するくだりがあり、ふたりともユダヤ人だと露悪的に名指しして、言っています。

しかも、デリダとアドルノが行っている西洋的な理性に対する批判は、全体主義的であり、「死せる文字」だと言っています。この本が出版された一九八五年という時代からすると、信じがたいことです。ハーバーマスの言っていることは、恐怖です。

このことは二〇〇一年にハイデルベルクでデリダに会ったとき、彼から直接教えてもらいました。問題の箇所は『近代の哲学的ディスクルス』にある長い註《ちゅう》の部分です。デリダは註を端から端まで読むのがなぜか大好きでした。

その長い註は、デリダを論じた章（第七章）にあります。そこでハーバーマスはデリダをユダヤ神秘主義者だと分類したのです。デリダがはっきりと公式に否定しているにもかかわらずです。

ハーバーマスはデリダにユダヤ神秘主義者というレッテルを貼り、そこからデリダがトーラーというユダヤ教の聖典を（紙に書かれただけの）「死せる文字」として尊重していることへと話を進めます。つまり、デリダを死と結びつけ、（自分が強調する）理性をキリスト教と生に結びつけているように読めるのです。デリダはわたしとの会話のなかで、これを「象徴的なホロコースト」と呼びました。

ハーバーマスとナチズムという議論は常にありました。彼は少年時代、ヒトラー・ユーゲントのメンバーでしたし、博士論文の指導教員はさっき言ったようにナチ系でした。もちろんハーバーマスがナチだと言おうとしているわけではありません。しかし控えめに言って、「問題のある環境にかなり近いところにいた」のです。

中島　非常に衝撃的な話です。ドイツでは、一九八六年に歴史家論争という大きな論争がありました。わたしの記憶が正しければ、あの論争では、ユダヤ人が恐ろしい全体主義をもたらしたと語るような言説を、ハーバーマスをはじめ多くの人々が非常に厳しく批判しました。日本の文脈では、彼は戦後ドイツで脱全体主義のプロセスを推進した哲学者だと考えられています。

MG　それは正しいんですよ。ハーバーマスは、まさにそういう存在の代表ですからね。しかし、問題なのは、それが彼の戦略だということです。

「コミュニケーション的理性」と「戦略的理性」というハーバーマスの有名な区分があり

ます。しかし、わたしはこの区別自体が戦略的なものだと考えています。ハーバーマスの悪質な批判を示す興味深い事例として、一九九九年に起きたハーバーマス—スローターダイク論争というものがあります。

ペーター・スローターダイクは、人間工学（今ならトランスヒューマニズムなどと呼ばれるもの）について講演し、それをもとにした『「人間園」の規則』（一九九九年）という本を出版しました。彼がこの本で言っているのは、バイオテクノロジーには倫理規定が必要であるということだけです。

ところが、ハーバーマスと彼の弟子たちはスローターダイクを非難し始めました。「スローターダイクは、バイオテクノロジーを使って人類を完全にする必要があると言っている。それゆえ、彼は全体主義者なのだ」と、彼らは主張したのです。

スローターダイクは、ハーバーマスが悪質で実に私的な非難をしたと思い、その後、ハーバーマスたちに宛てて「批判理論は死んだ」と題した長文の公開書簡をドイツの『Zeit』誌に発表します。

この公開書簡がとても面白いんです。書簡のなかでスローターダイクは、ハーバーマスは自分とは一切対話をすることなく、さまざまな人々に自分への非難を語っていたと告発しています。つまり、それのどこがコミュニケーション的理性なんだと。そのやり口自体が、実際に批判理論は死んだことを示しているというわけです。

書簡によれば、ハーバーマスはあちこちに電話をかけまくって、スローターダイクへの侮蔑を喧伝《けんでん》したり、スローターダイクの講演を好意的に聞いていた同僚にも圧力をかけたといいます。スローターダイクは、自分の文章に対して、いろんな人に電話をかけるのではなく、理性的に自分に答えてほしいとハーバーマスに求めています。

もしかするとわたしが間違っている可能性もありますが、スローターダイクのような人たちが、正当な理由もなく、右派を擁護しているように語られてしまっているのです。おそらく、それは真実ではありません。スローターダイクは自分のことを保守的左翼だと称しています。右派ではないんです。

ハーバーマスについて言えば、わたしは彼が右派だと疑ってはいません。しかしどの思想家もそうであるように、その人が何に影響されてそのような認知のあり方をするようになったのかという問いは無視することはできません。デリダが指摘したように、ハーバーマスは右派的な見方から抜け出せないでいるのではないかと疑っています。

中島　もしこの驚くべき話が本当ならば、なぜ晩年のジャック・デリダはハーバーマスと和解し、二〇〇三年のイラク戦争に対して共同声明「われわれの戦後復興――ヨーロッパの再生」を出したのでしょうか。

MG ハーバーマスは、どこかの時点で自分のやってきたことが戦略的ミスであることに気づいたんです。それで、和解のためにデリダを招き、伝説的な面会を果たすことになります。デリダがアドルノ賞を受賞したときのことです。二〇〇一年だったと思います。わたし自身はフランクフルトにいませんでしたが、デリダはそこで記念講演も行いました。しかし、そこにいたるまでには二〇年もの長い闘いがあったのです。

中島 ハーバーマスとデリダは当時、新しい啓蒙の理論を作り上げようとしていましたね。

MG ええ、そうです。しかしそれは失敗しました。なぜなら、ふたりとも「古き良き」ヨーロッパ中心主義から抜けきれなかったからです。厳しく言えば、ふたりは状況をとらえる目が曇っていました。

以前、スラヴォイ・ジジェクが教えてくれたのですが、一九九〇年のドイツ再統一まで、ハーバーマスのテキストには東ドイツの存在についての言及がまったくないそうです。自分自身で確認していないので確証はできませんが、ありえない話ではありません。なぜハーバーマスは東ドイツについて言及しないのか。真偽は明らかではないにせよ、ハーバーマスについて、こういった問いをもって考えているジジェクの言葉は一聴に値します。

中島　ハーバーマスの「ドイツ・マルク・ナショナリズム」という小論を読んだことがあります。一九九〇年に書かれたものです。この小論は当時のドイツ憲法の自己イメージを宣言するものでした。わたしはあのテキストにドイツのアイデンティティを擁護する何か奇妙な野心のようなものを感じたんです。日本の読者にとってハーバーマスは、戦後ドイツの良心を代表する存在であるにもかかわらず、なぜあのような奇妙な文章を生み出したのだろうと思ったのです。

MG　ハーバーマスは単に見当違いなだけだと思います。ハーバーマスはわたしたちが考えているほどには、古い哲学の枠組みから解放されているわけではないのです。ただし、解放的なイメージを作り出すことに非常に長《た》けていた。だからわたしたちは、ハーバーマスでないかもしれないものを彼に結びつけて理解しているのです。

さきほども言ったように、ハーバーマスはデリダとアドルノの理性批判をユダヤ教擁護論と考え、彼らの議論を「死せる文字」と結びつけました。これは実に危険な道で、ハイデガーが「黒ノート」で進んでいったのと同じ場所に向かうものです。ハイデガーもまた、ユダヤ的思考が全体主義の起源にあると言っているのですから。

▼禁じられた博士論文

MG　ドイツのイデオロギーについて言えば、わたしがハイデルベルク大学でシェリングとアドルノについての博士論文を書こうとしたのに、許されなかったことがあります。今ふたりで論じているようなテーマは当時は禁じられていたのです。

わたしはシェリングとアドルノについての研究計画書を提出した後、指導教員からちょっと散歩しようと呼ばれ、大学の庭を歩かなければなりませんでした。その指導教員ははっきりと言いました。「とんでもない」と。アドルノはシェリングとは何の関係もない、もしわたしがやりたい研究をしたければ、その前に修士号をとる必要があると通告されたのです。

修士号なしで博士課程に進むのは、ワイマール共和国時代からの遺産で、二〇〇五年当時はすでに廃止されていた制度でしたが、わたしは特別に学部長から許可を得ていました。ところが、アドルノについて書くならば、その許可を撤回するというわけです。これは実質的にこういう意味です。「あなたがアドルノにこだわるならば、あなたを破滅させますよ」ということです。そこでわたしはシェリングについてだけの博士論文を書きあげました。

　こうした守旧派の成り立ちに目を向け、彼らがどのように現実を作り上げているかに目を向けると、戦後のドイツについてかなり異なる見方をもつことになると思います。戦後すぐのことですが、ゲイであるという理由で、「ここで教えるな」と追放された著名な学者もいました。

　ドイツのほかの場所でも同様の光景を見たことがあります。とくに南に行けば行くほど、保守的でキリスト教的な考え方が深く染み込んでいます。ヨーロッパ中心主義とキリスト教に関する病理は、今日のドイツでも続いているのです。

　しかし、ここボンはそうした遺産から自由になろうとしています。ボンはドイツ民主主義の発祥の地で、ドイツ憲法が書かれた場所ですから。ハーバーマスのよい部分、解放的な部分は、ボン的な部分です。彼はこのボン大学で博士号を取得しています。そして、彼はいつもドイツ憲法に向かおうとします。彼の個人史や経歴とたぶん関係していますが、この場所とも関連性があるとわたしは思っています。

▼ハイデガーの「黒ノート」

中島　ハイデガーの「黒ノート」についても議論しておきましょう。ナチが政権をとる直前の時期から、一九七六年に逝去するまで書き続けられた三四冊のこのノートの刊行が始まって、彼の反ユダヤ思想にドイツは大騒ぎになっていますよね。そして、あなたはハイデガーの息子さんに会ったと、夕食の席でおっしゃっていた。

MG　ええ。突然、電話がかかってきたんですよ。「黒ノート」について会って話したいと。刊行予定のない原稿も彼は見せてくれました。

「黒ノート」にまつわる議論はとても複雑ですが、ざっとまとめると、こういうことです。ハイデガーは厖大《ぼうだい》な量のノートを遺していて、そのほとんどを「存在」について考えるのに費やしています。つまり、後期ハイデガー哲学の曖昧なバージョンのように読めます。後期のハイデガーは、そもそも曖昧模糊《もこ》としているのですが、ノートに書かれているのは言葉そのものも非常に曖昧で、よくわからない思考が延々と続きます。

ところが、政治的な思索として、ハイデガーとは何者なのかを、はっきり示す部分があるのです。ここまでのわたしたちの議論で、ハーバーマスがある仕方で右派的であるという話をしてきましたが、ハイデガーの場合は、「ごく普通のナチ」だったのです。

ハイデガーが一九三〇年代から一九四〇年代にかけて、弟と交わした書簡が最近出版されました。これを読むと、ハイデガーがどんなふうに国家社会主義ドイツ労働者党（ナチ党）に投票し始めたのか、つまりいつから彼がナチになったのかがわかります。それはごくありふれた政治的な理由ですが、いずれにしろ彼は徹底した本物のナチ支持者だったのです。

「黒ノート」で衝撃的なのは、戦争が始まってから、一九四〇年代の末にかけて書かれた部分です。ハイデガーは、はっきりこう信じていました。技術的な疎外（技術によって人間が駆り立てられることで疎外されていくこと）の知的かつ歴史的な起源は、ユダヤ人およびユダヤ的精神であると（『ハイデガー全集』第九六巻、五六頁）。

というのも、ユダヤ人が世界を脱呪術化させたとハイデガーは考えていたからです。脱呪術化という考え方はマックス・ウェーバーの社会学から学んだものです。これもまた注目すべき点です。

ウェーバーは、旧約聖書に出てくるユダヤ教の預言者たちが自然の脱呪術化を行ったと考えていました。「神は自然のなかにはいない。神は超越した存在である」というわけです。これはつまり、自然は神不在のシステムであるという考え方です。

アニミズムやギリシアの汎神論などは、自然のなかに神がいると信じていますが、その自然の外側に神を置いてしまえば、神なき自然が残ります。神なき自然は、切り離された対象です。神は聖書（創世記）でこうした内容を述べています。「自然から利益を得られるよう、人間に自然を与えよう。動物に名前をつけて、自然に働きかけよ」。

ウェーバーはユダヤ人が技術と近代、そして合理主義を発明したと主張するために、こうした聖書の考え方を取り上げました。しかし、彼はそれにまったく反対しておらず、単に記述しているだけなのです。ウェーバーは、これを特定の目的のためにねじまげたりはしませんでした。

さて、ハイデガーです。彼はこの種の話を突然受け入れるようになります（同全集、九七巻、一五九頁）。「黒ノート」を書き始める以前に発表された論考では、その手の話は目立っていません。以前の論考ではむしろ自然を数学的に理解することは、デカルトやデカルト主義に結びつけられていました。

しかし、「黒ノート」では、デカルト主義がユダヤ人に置き換わったのです（同全集、九四巻、四六～四七頁）。『存在と時間』（一九二七年）は、ユダヤ人であるフッサールが監修する『哲学および現象学研究年報』に発表されたものですから、フッサールの手前、ユダヤ人と書けなかったために、デカルト主義に差し替えておいたのでしょう。

ハイデガーによるデカルト主義批判は、公式には、フッサールの『デカルト的省察』（一九三一年）への批判として現れました。そうすると、フッサールがユダヤ人であるということで、デカルト主義とユダヤ人は互いに置き換えることができることになります。

ハイデガーは精神分析との関連で、「割礼された現存在」についても語っています（『ハイデッガー　ツォリコーン・ゼミナール』二五八頁）。そしてフロイトと精神分析を「ユダヤ的」として明示的に参照しています（同全集、九五巻、二五八頁・同全集、九六巻、二一八頁）。比喩のように一般には理解されていますが、文字どおり「割礼された」という意味でハイデガーは書いているのだとわたしは思います。彼はユダヤ教に言及しており、ユダヤ教は「黒ノート」の大きなトピックなのです。ユダヤ教に言及しているのは、数頁だけですが、ハイデガーが何を考えてきたのかがわかる大事な部分です。

ハイデガーが『存在と時間』を「尊敬と友情の念を込めて」フッサールに捧《ささ》げたことは有名な話ですが、ナチスが政権を掌握し、ハイデガーがフライブルク大学の総長になると、うってかわって、一九四二年に刊行された第五版では、その献辞そのものを削除しました。

これは非常に恐ろしいことです。フッサールがユダヤ人であるというだけで、ハイデガーはフッサールを攻撃しているのですから。彼は残忍な反ユダヤ主義者だったとわたしは言いたいと思います。ハイデガーは、気分としてユダヤ人嫌いだったというレベルにとどまりません。彼は、筋金入りの反ユダヤ主義信者でした。

「我々はユダヤ人を殲滅《せんめつ》すべきだ」とハイデガーが書き残したわけではありません。そういう文言は「黒ノート」にもありません。

しかし、強制収容所のことにもたしかに言及しています。しかも、それは明らかに戦後のものでした（同全集、九七巻、五九頁、九九〜一〇〇頁）。

これもよく知られた話ですが、石と動物と人間の区別についてハイデガーが書いていますよね（『形而上学の根本諸概念』）。石には世界がなく、動物は世界という点で貧しく、人間は世界を創造する動物である。それは、無生物の自然、動物、人間を区別するものです。

そして「黒ノート」では、彼はユダヤ人のことを「世界がない」と呼んでいます（同全集、九五巻、九七頁）。つまり、それは世界という点で貧しいのですらなく、ユダヤ人は石だと言っているということです。ハイデガーにとって、ユダヤ人は虫ですらなく、石のように物質的な自然なのです。

メディアもショックを受けていますが、報道されている以上に、「黒ノート」の中身はひどいものだと思います。ここまでひどいとは誰も予想していなかったでしょう。「黒ノート」の公開で、ハイデガーは完璧なまでのナチのイデオローグであったことが判明したのですから。

▼戦後のハイデガー

MG　ハイデガーの有名なテキストである「世界像の時代」は、彼がナチに抵抗する闘士であったと主張するために戦後利用されてきたテキストです。戦後に出版されたバージョンでは、たしかにハイデガーはナチを批判しています。

戦後、ハイデガーはこんなふうに主張していました。「ご覧なさい、わたしはナチを批判しています。そのわたしがどうしてナチでありえましょうか」と。

しかし、「世界像の時代」は一九三八年六月のフライブルクでのナチに関する講演がもとになっていました。ある研究者がオリジナルの原稿を見つけ、そこでナチに戦争に行くように言っていることを発見したのです。戦後、出版されたバージョンで、彼は文章を変えたのです。

ここまでですでに、ハイデガーに対する見取り図とわたしの解釈をお話ししてきました。わたし自身の出している結論はこうです。人々が想像していたよりも、ハイデガーはずっと深いところでナチに関わっていた、というものです。

もしわたしが事件の真相をさぐる裁判官だったとしたら、彼が強制収容所の存在をとても早くから知っていたこと、そしてその存在に反対していなかったことを、これだけの情報からでも、十分に疑うことでしょう。

これが「黒ノート」のもたらしたものです。ハイデガーは本物のナチです。ナチに単に幻想を抱いた愚か者ではありません。

恐ろしい話はもうひとつあります。ハイデガーの家族は否定していましたが、そのことについて語っていました。それを証明することはできませんが、フランクフルト大学の歴史学の教授がラジオで明言していました。ユダヤ人に対してはじめて目に見える形での集団的な暴力行為があった「水晶の夜」事件のとき（一九三八年一一月九日夜）、フライブルクでもユダヤ教の教会であるシナゴーグが放火されました。そのとき、シナゴーグの見える大学の講堂でハイデガーは、ニーチェについての講義のなかで、炎とヘラクレイトスについて語っていたというのです。

それを聞いて、後日、フライブルク大学のその講堂に行ってみました。窓からは、たしかに、シナゴーグがあった場所が見えました。ですので、シナゴーグが燃えるのを見ながら炎とヘラクレイトスについて語っていたというこの話は、いかにも真実のように思えました。

わたしが知っている、最も確かな証拠についてもお話ししましょう。ハイデガーの有名な講演録"Das Ding"、英訳するなら"The Thing"ですが、それは「Ding（物）」という言葉の語源について、論争を巻き起こしました（一九五〇年六月にミュンヘンで行われた講義）。「Ding」とは、ラテン語の「causa」のように中世の裁判のことです。集会という意味でもあります。では「Thing Place（Thingstätte）」と呼ばれる野外劇場の写真をお見せしましょう。これはハイデルベルクの街の近くの丘の上にある場所です。

ところで、これを誰が造ったのかわかりますか。戦前のナチです。民族意識の高揚とプロパガンダのための集会や野外劇のために、ドイツ全土にこうしたスペースが造られたのです。ゲッペルスがここで熱弁をふるったこともあります。

さて「水晶の夜」にハイデルベルクのナチがここで何をしたのかお話ししましょう。この場所に出向いて、数名のユダヤ人を殺戮《さつりく》したのです。これぞまさに裁判の「Ding」です。こうした「浄化」がハイデルベルクの丘の上で行われたのです。

そしてハイデガーは「Ding」についての講演をしました。これは後期ハイデガーが残したナチの暗号です。これについて問われたら、ハイデガーはひどいとしか答えようがありません。

かつてハイデルベルク大学に在籍していたマンフレート・フランクは次のような話をしてくれました。ほかの人からも同じことを聞いていますが、一九六〇年代にハイデガーがハイデルベルク大学で講演をしたときに、そこにいた共産主義者の学生たちが抗議行動を起こしました。大騒ぎになりそうでしたが、ハイデガーは教室に入ると、静かにするようにという身振りをして、学生たちはともかく着席しました。

そして、ハイデガーはフライブルク大学の総長に就任したときに彼が行ったナチ支持の演説は間違いだったと明言したのです。誰もが「ハイデガーは自分の罪を認めている」と思ったのですが、そのあとハイデガーが言ったのはこうなんです。「総長就任演説は間違いだったが、政治的な間違いではなかった」。

つまり、彼が言いたかったのは「自分が本当に計画したことを公の場で言うべきではなかった」ということです。公の場でこれを言うのは間違いだった。それは戦略的な間違いだったけれど、もちろん国家社会主義は正しい政府である。彼が言ったことはそういうことです。でも学生たちは理解できませんでした。

暗号を使うようにハイデガーは自分はまだナチだと言い、学生たちはそれを聞いてどうしたらいいのかわからなかった。彼らはこの話を、ただそこに座って聞いていたのです。魔法にかけられたみたいですよね。

こうした魔法は、今でもあちこちに見つけられますよ。ハイデガー崇拝者は世界中にいます。日本、アメリカ、フランス、中国……。

中島　わたしが大学院生のころ、ハイデガーはナチそのものよりもはるかにナチ的であると教わったことを思い出します。

MG　もちろんです。ハイデガーは第三帝国の真のイデオローグですよ。彼は大臣ではなかったが、本物の信者でした。

中島　ユダヤ人であるエマニュエル・レヴィナスはそうした背景を意識して、意図的にフッサールの『デカルト的省察』をフランス語に訳した（一九三一年）とは言えますか。すでにこの時期にハイデガーはナチと関係していましたし、レヴィナスはフライブルクを去ってパリにいました。ハイデガーの影響を圧倒的に受けてはいましたが、さきほど話していただいたデカルト主義とユダヤ人の置換可能性を考えれば、デカルト主義のあらたな擁護であるこのテキストの意義はきわめて大きいように思います。

MG　レヴィナスはこうしたことすべてに完全に気づいていましたし、同じくユダヤ人であるアドルノもそうでした。アドルノは『新右翼急進主義の諸相』のなかで次のように述べています。（亡命先のアメリカから一九四九年に）フランクフルトに戻ったときに、そこの誰もが彼を殺そうとしたかもしれないことに気づいたが、人々はもはやそうすることはできなかったと。

こうしたことがアドルノがあれほど曖昧な言葉で書いた理由のひとつです。アドルノはドイツ人に話しかけることができず、自分の言いたいことをドイツ人に伝えることもできなかった。なぜなら、ドイツの人々はアドルノの同胞を殺《あや》めた人たちなんですから。

あなたがアメリカから母国に戻ってきたユダヤの批判的な知識人だったと想像してみてください。その母国の人々は、ついこの間六〇〇万人もの人々を殺害したばかりなのです。しかも殺した理由が、あなたが属している宗教だったわけです。あなた自身がその人たちに殺されたかもしれないのに、今あなたはその殺人者たちの前にいるのです。

ドイツ人のなかでは、権力の座にあった人たちだけが裁判にかけられました。アドルノは、それ以外の関係者を見つける手助けをします。たとえば、アイヒマンはそのひとりです。こうした話は一九五〇～六〇年代にかけてのドイツのメディアでしょっちゅう報道されていました。

一方ハイデガーは、戦後のドイツでナチが力を維持できるように援助していました。それがハイデガーが裏でやっていたことです。彼はそれを死ぬまで続けたのです。そ「ドイツのための選択肢（ＡｆＤ）」が設立された翌年（二〇一四年）に、「黒ノート」が出版されたことは偶然ではないと、わたしは思うようになりました。

ＡｆＤ所属の国会議員マルク・ヨンゲンはハイデガーを研究していて、党のイデオローグとなっていますが、さきほどのペーター・スローターダイクの学生です。だからこそスローターダイクは右派だとみなされるようになったわけです。

そのヨンゲンが二〇一七年に、ニューヨークのハンナ・アーレントセンターに招かれて、実に恐ろしい講演をしました。そこで彼は、乗り越えられない文化の違いの壁があるという話をし、ドイツのナショナリズムを擁護したのです。現代に生きるハイデガー主義を見たければ、YouTubeで彼が話している動画を見ればいいんです。質疑応答も「炎上」しました。

ともかく、以前はハイデガーについてのこうした話をわたしは信じていませんでした。わたし自身、ハイデガーで哲学の本格的なトレーニングを受けたので、彼のそうした部分を最初のころは本当だと思っていませんでした。今のわたしの見方は非常に極端かもしれませんが、ハイデガーが残酷なナチだという見方は、「黒ノート」のような数々の証拠で確認されたと言わなければなりません。

中島　これは単なるエピソードです。わたしは中国哲学を主に研究していますが、最初に発表した論文はレヴィナスとハンナ・アーレントについてでした。ふたりがハイデガーの概念をどう脱構築しようとしたのかを、ふたりの概念を比較しながら分析しようとしました。ふたりは政治的にも倫理的にもアプローチは異なっていましたが、それでもハイデガーの影響を強く受けた用語を共有しており、彼を批判するためにそのような用語を脱構築的に用いるという意識は共有していたと思います。これが哲学の本質だと感じました。ハイデガーが作り上げた言説の権力構造に対する批判の仕方を理解する上で、わたしは哲学的に問い直すことが非常に重要だと感じました。

▼ハイデガーと京都学派

MG　今は、決定的に重大な瞬間です。だから二〇一八年に京都大学で講演をしたとき、「ハイデガーを読むのはやめなさい！」と言ったのです。わたしは人々の眼《め》を覚ましたかった。ハイデガーが日本でとても力をもっていることは知っています。

日独関係の次のステップとして、東京学派とボン学派を構想しましょうよ。わたしたちは「黒い森と禅仏教連合」のパラダイムを超えなければなりません。ハイデガーと仏教というコンステレーション（星座配置）は、全体主義的です。

中島　わたしは仏教とりわけ禅が近代で果たした役割は、きわめて両義的だったと考えています。一方で、それが宗教化・哲学化することで超国家主義と深く結びつきました。それがハイデガーと組み合わさると、実に強力な政治神学を形成してしまったのです。ただ、その他方で、超国家主義への批判の側面もなかったわけではないとも思っています。それでも、後者はかなり弱い声ではありましたが。

ちなみに、ハイデガーと同じように、西田幾多郎《きたろう》を中心とした京都学派も日本の帝国主義に大きな影響を与えました。西田は晩年の論文である『日本文化の問題』（一九四〇年）において、皇道の原理を提唱しています。皇道とは皇室を中心とする天皇制秩序で、それによって日本の自分たちが世界に貢献するべきだと説いているのです。そこでは、「全体的一と個物的多との矛盾的自己同一」という表現が繰り返し使われています。

その上で、皇道もしくは皇室が「矛盾的自己同一」だと述べられます。つまり、「全体的一」としてのさまざまな政治主体と、細胞とも言われる「個物的多」としての人々の相互作用を超えた、究極の「一」として定義されたのです。それは、シェリングの「無底」とは異なる「絶対無」という大文字の根拠であり、さらにはガブリエルさんが批判する意味での「世界」だったのです。「皇道とは我々がそこからそこへといふ世界形成の原理であつた」という表現は、それを余すところなく伝えていると思います。

このように皇道の原理を支える根っこには、西田の哲学的到達があります。西田を政治的解釈から遠ざけようとしている人々もいますが、それは困難です。

わたしはかつて、西田の哲学の論理を「否定政治学」という言葉で呼んでみました。「否定神学」が否定の道を通じて、強力な神を導入するように、「否定政治学」は自らを無化することを通じて、強力な政治的根元である「皇道」という「世界形成の原理」を召喚してしまうのです。西田は、現実の政治の手前にある「政治的なるもの」を基礎づけようとしたのだと思います。もし西田を批判するのであれば、まさにこの点において問わなければなりません。

実は「京都学派」という言葉を作ったのは、西田幾多郎の弟子でありながら、西田を厳しく批判した戸坂潤という哲学者です。西田の「無の論理」は論理ではない。こう批判した戸坂にとって、京都学派は軽蔑的な言葉でした。ところが、後になると、戸坂の意図とは逆に、「京都学派」という言葉は肯定的な意味で理解されるようになったのです。

戸坂の最初の論考は、カントの空間概念の分析を論じたものです。その後マルクス主義に深く入っていったことで、彼は京都から東京へ追放されます。彼の作品を読むと、あの暗い時代においてさえ、わたしたちには輝かしい批判的な精神があったことに気づかされます。

そこでわたしは、京都学派から追放された戸坂を含め、「東京学派」という発見的な概念を設定して、あらたな言説を開拓することにしたのです。東京にも独自の暗いストーリーがあります。しかしわたしは、そういった暗さとはまったく異なるあらたな水準の哲学を切り開く時機が来たと思っています。

第四章　全体主義に対峙する新実在論

▼全体主義の静かな台頭

MG　全体主義が勃興しているのを目撃していても、必ずしもそれに気づくとは限らないと思います。まったく問題ない状況に見えてしまうからです。

ナチ台頭の時期に、もしあなたがドイツの農村や小さな町にいて、人々がたくさん行進しているのを見たとしましょう。騒々しいし、旗がたくさんはためいています。行進はうるさく、目に見えるものですが、強制収容所は目立つところにはありません。そう、ご近所のひとりが連れて行かれて、ある時点で「うーん、何か奇妙なことがあったのかな」と思ったかもしれません。

このプロセス全体には静かな不気味さがあったに違いないと思います。同様に今、それとよく似たことが起きているかもしれません。

もしあなたが今のドイツで、ネオナチと公然と闘おうとすると、警察などの助けを借りたとしても、危険をともないます。それは、新聞記事を書くといった知的活動とは違うものです。ネオナチは、あなたの家のドアをノックします。彼らはすぐそこにいます。それらは本物であり、危険です。そして、彼らは人々を殺します。これはまったく異なるレベルなのです。

わたしたちは全体主義の勃興を目の当たりにしているのかもしれません。全体主義は静かに始まり、今までとはまったく違うところからやってきています。

▼科学主義という新しい神話

MG　わたしは、全体主義の台頭は、技術と科学からやってくる気がしてなりません。科学や技術は全体主義の神話なのです。

二〇世紀の国家全体主義は、日本やドイツの優越性という物語を語りましたが、今では誰もそんな話はしません。それは今ではありえない話です。アメリカ人でさえそんなことは言いません。国家とは別の物語を語らなければならないのです。

そして今、人々が語っているのは、科学と技術の物語だと思います。神話としての科学と技術が全体主義の台頭なのです。これが今では、ひとつのプロセスになっています。全面的に産業化された世界はこのプロセスの一部なのです。

それは反啓蒙です。なぜなら啓蒙の観念は、進歩とは何よりも道徳的な進歩であり、科学と技術の進歩は二次的なものにすぎないと考えるものだからです。

古典的な啓蒙思想では、道徳的な進歩を遂げるために、科学と技術の進歩が必要だと考えました。それらは道徳的な進歩のためのサポートとして必要であり、それら自体が独立して発展するものだとは考えていませんでした。

ところが、今では、わたしたちは倫理を欠いた啓蒙の観念を有しているのです。それは啓蒙ではありません。啓蒙は根本的には倫理に関するものだからです。

中島　科学と技術について、ガブリエルさんは神話という言葉を意図的に使っていますね。後期シェリングは神話学について深く考えたと思いますし、二〇世紀においてもナチズムを分析する際に「ナチ神話」という言い方がなされました。もし科学と技術が新しい神話だとすれば、そこからどう抜け出せばよいのでしょうか。

MG　わたしは、この時代においても、まだ根強く神話が作り続けられていると考えています。わたしたちは神話を信じる世界から抜け出せていないのです。わたしたちは完全に神話的なのです。

しかし、その神話を神話としてとらえる人はほとんどいません。神話を克服したという神話を有しているからです。今日作り上げられている神話は科学主義もしくは自然主義です。それは、科学と技術が神話を破壊するのに成功したという考えです。これは明らかに間違いです。なぜなら世の中にはまだ宗教があるじゃないですか。科学主義は今日の新しい神話学であり、実に危険です。

科学主義や自然主義を信じている人々は、神話など存在しない、存在するのは科学だけだと言います。あらゆる物事は自然科学によって基礎づけられ、すべては明瞭なのだと。だから彼らの目からすれば、科学で説明できないような現象を信じている人は、愚か者にすぎません。科学者たちは、他なるものを理解できません。科学という神話の水準では、自分たちの世界観とは異なる見方をする他者はみな敵なのです。

たとえば、科学哲学者ダニエル・デネットはそうした自然主義者の典型です。あるいは進化生物学者リチャード・ドーキンスも、デネットと同様に現代の新しい無神論者です。彼らは科学的な解決策を受け入れない人を単に愚かだとみなしています。彼らは、科学とは別の見方で現実を認識することができないのです。こうしたものの見方こそが、とりわけ危険な神話なのです。

▼全体主義はすべてを「一」へと取り込もうとする

中島　科学者が自分たちの世界観が唯一であり、他なるものを想像する必要はないという態度は、そもそも科学的でないように思われます。

わたしは最近、「一」であることとはどういうことなのかをもう一度考え直そうとしています。ヨーロッパの中世哲学は、「このもの」についての議論を深めたと思います。たとえば、わたしが飼っている犬は、数多くいる犬のひとつではありますが、わたしにとってはかけがえのないものですね。「このもの」としての犬は、他の犬とは区別されます。

では、何によって区別されるのでしょうか。当時の概念を用いれば、「個体化の原理」つまり、「このもの」をあるひとつの個体にしている原理とは何かということですね。「形相」なのか「質料」なのか、あるいはどちらでもあり、どちらでもないのか。きれいな答えが出ることはなかなかなかったかと思います。

それでも、何かが「このもの」であるためには、他と区別されて「一」であると言わなければならず、そのためには、かなり複雑なパースペクティブを同時に取らなければならないことはわかります。つまり、他にも多くの犬がいて、そのうちの「一」にすぎないこと、とはいえ、単に数えられる「一」というよりは、かけがえのない「一」でもあること等々です。

別の言い方をすれば、「多」も複雑で、数えられる「一」の集合でもあるし、かけがえのない「一」を成立させるものでもあるのです。「一」と「多」はダイナミックにお互い関与しあっているわけです。

しかも、それは世界に深く関わっています。世界のなかにいるときに、わたしたちは世界を俯瞰《ふかん》することはできません。ここには必ず、もうひとつの複数性の問題が登場します。世界のなかでの複数性であるというよりは、世界が複数であるということですね。しかもその複数性は、根本的な他性に開かれたものなのです。

レヴィナスが全体性に対抗しようとする際に、「無限」という観念に触れていました。それは単なる無際限ではなく、「一」と「多」が相互に関係し合う境界において生じるものでした。他者と切り離されていなければならないと同時に、他者と結びついていなければならないという、困難な命題が問われていたのです。

ところが、全体主義はすべてを「一」へと取り込もうとするものです。そこでは他者や他性をめぐる繊細な議論が根こそぎ消されてしまいます。全体主義的な「一」は強力な同一性を強迫的に構築するばかりで、その「一」が変容することをあらかじめ退けています。全体主義を克服するために必要なことは、「一」もまた変容し、同時に「全体」なるものが根底的に変容することを構想することなのです。

▼全体性に抵抗する新実在論

MG　その複数性こそが、わたしが自分の哲学によって挑戦しようと取り組んでいるものです。シェリングは独自の考えをもっていましたが、それでも一元論から脱することはできず、結局のところ、彼の理論を動かしているのは一元論でした。わたしはこれを一元論に還元できない多元論に置き換えようとしているのです。

中島　それが『なぜ世界は存在しないのか』(二〇一三年)という本に込められた新実在論の重要な点ですね。

MG　ええ。わたしの議論はとてもシンプルです。存在するということを、ある文脈のなかに現れることだと考えてみましょう。テーブルが存在するのは、部屋という文脈においてです。数字の七が存在するのは、一連の自然数といった数字の文脈においてです。正義が存在するのは、法という文脈においてです。このように、どのような対象も何らかの文脈において現れることで存在しています。

では、簡単な質問をしましょう。すべての文脈の文脈になるものはあるでしょうか。答えはノーです。なぜなら、「すべての文脈の文脈」があるとしても、それが現れる文脈などないからです。

これが「世界は存在しない」ということです。「なぜ世界が存在しないのか」というわたしの議論は、すべてを包括する統一的な根拠を求めることは不可能であることを論証するものです。そのような根拠は存在できないのです。

古代ローマ時代の哲学者、プロティノスが言うような（すべてがそこから出てくる）「一」などありません。プロティノスの系譜で言われるところの「絶対」もありません。「絶対」という意味での「一」がない以上、「多」は根拠づけられることはありません。

▼シェリングのつまずき

中島　そうすると、シェリングはどのように「多」の問題を考えたのでしょうか。

MG　シェリングはその問題で困難に陥ったと思います。シェリングが考えたのはこうです。まず、存在のレベルが複数あることは認めます。しかし、最終的には、その複数のレベルには位階秩序があると考えたのです。これは近代的なモデルで、レベルからレベルへと飛躍していくなかに宇宙が存在するというのです。

現代の創発理論でも同じです。最初にあるのは、物質的なエネルギー構造だけです。次にエントロピーの上昇による複雑な生成が始まり、星が生まれます。その後、次々とレベルが上がっていくのです。

こうした形のモデルをシェリングも考えていました。原始的な存在から創発的な複雑系を経て、人類の歴史にいたる。そして、さらに次のレベルが待っているということです。しかし、これは見当違いなモデルだと思います。というのも、このモデルは一元論的だからです。

今言ったような系列があったとして、ではその系列自体はどこにあるのでしょうか。もし宇宙が変遷する系列であれば、それはどこにあるのでしょうか。

これは古き良き問いかもしれません。宇宙が存在しないのであれば、それがどんなものであれ、宇宙は構造を有すると考えることはできません。しかし、宇宙が存在するためには、宇宙の背景が必要で、それは宇宙のなかにはありえないのです。

そうすると、宇宙が存在しうる唯一の場所は、物理学者の心のなかなのかもしれません。物理学者の心が背景となって、「ええ、わたしの理論のなかに宇宙は存在する」と言えなくもない。しかし、「その人の理論はどこに存在するのか」という問いが出てきます。すると、「それは宇宙のなかにある」と物理学者は言うかもしれません。こうして再び哲学的なパラドックスが生じてしまいます。

こうした一元論がうまくいかないことをわたしたちはもう知っています。わたしが提唱しているのは、根本的な多元性であり複数性です。すべては何らかの文脈のなかに存在しています。そして、このことは文脈自体にも適用されるのです。

だからこそ、わたしは自分の存在論（新実在論、新実存主義）を、文字どおり、超限（transfinite）だと考えています。それは、無限（infinite）以上のものです。

▼「超限」とは何か

中島　「超限」という言葉は、あなたの『超越論的存在論——ドイツ観念論において』（二〇一一年・未邦訳）にも出てきますね。

この本のなかでアラン・バディウとカンタン・メイヤスーを参照して、「無限の全体性というヨーロッパの古い概念は、原則として、全体化できない超限という概念に置き換えられなければならない」と述べていた一節にとても感銘を受けました。この超限という概念について、もう少し解説してもらえますか。

MG　存在者の無限に長い連鎖は無限にあります。すべての対象は無限の連鎖のなかにあり、その無限の連鎖もまた別の無限の連鎖のなかにあるのです。

これが現実（実在）の構造だと思います。こうした連鎖をすべて包含するものはありません。すべてが部分であるようなメガ連鎖はないのです。単に無限に多くの連鎖があるのです。

どの点からも、多くの点を含む無限に多くの連鎖が出ており、その連鎖がまた無限に多くの連鎖の部分をなしています。そしてこれが対象に安定性を与えているのです。どの対象も、無限に多くの連鎖が交差したものなのです。だからこそ、対象は安定しているように見えますが、それは無限のネットワークの結び目であることによってなのです。

しかし、同時に、対象はすぐに消えてしまいます。なぜなら、結び目は独立して存在してはいないからです。無限に多くある連鎖のひとつがわずかでも変化すると、対象もまた変容してしまうのです。

単純な例を挙げましょう。ここにあるグラスは、知覚の対象として存在しています。誰かがグラスを取り上げてしまうと、グラスというものは存在し続けていますが、わたしの知覚の対象としてではありません。

つまり、知覚されたものとしてのひとつの対象は消えたのです。そのものはいまや別のものです。知覚の対象であるグラスはそのまま存在しています。しかし、知覚の対象と知覚された対象との間には違いがあるのです。なぜなら、知覚された対象は変化して消えたのですが、そのグラスはまた別の文脈ではある対象として現れているのです。

これがつまり、わたしが提案する存在論でいうところの、複数の無限の無限、つまり超限ということです。

中島　複数の無限の無限ですか。それはパスカルの無限の議論を思い出させてくれます。「それは無限の球体であり、その中心はいたるところにあり、その円周はどこにもない」（『パンセ』、拙訳）。パスカルは、自然全体や宇宙にひとつの中心点はなく、さまざまな中心があり、それぞれの中心が無限の球体だと述べています。つまり無限が数多くある。これは非常にラディカルな考え方です。

エドガー・アラン・ポオはそれを支持できないとして批判しました（『ユリイカ』）。それでも、複数の宇宙は認めています。ただし、それらの間には決して影響関係はなく、それぞれが「固有で特定の神」のもとで成立しているというのです。複数の無限の無限にいたったかもしれない、パスカル的な過激な無限とは異なる理解をしていたのです。

MG　ええ、そのとおりです。超限は数学化することはできません。もしそれができるのなら、すべてを包含する理論として数学があることになります。超限を考えることができる唯一の方法は、厳密な意味で、哲学的な議論しかありません。

哲学的な議論によって、超限の構造に対する知的直観を演繹《えんえき》することができます。ところが、超限の知的直観という考え方自体も、まさに超限のなかにあるのです。超限は知的なビジョンの対象ではなく、わたしたちはそこに含まれているのです。

▼物理学者との対話

中島　そうすると、数学を宇宙の言語として用いる物理学者とはどのように議論できるのでしょうか。ガブリエルさんが東京大学を訪れた際（二〇一八年）、村山斉《ひとし》さんやマルチバース（多元宇宙）理論を提唱している野村泰紀《やすのり》さんという理論物理学者たちと議論をしました。彼らと議論してどのように思いましたか。

MG　野村さんのマルチバース理論はほぼ正しいと思います。わたしは、野村さんたちに思弁的物理学というアイデアを語りました。これもうひとつのシェリングの考え方です。それは、物理学の対象は時間と空間とは関係をもたないというものです。

最先端の理論物理学では、より深層のレベルは非時空的であると考えています。それは量子力学などにおいて非常に広く受け入れられている仮説ですが、それでもまだ十分に根本的な理解ではありません。

あなたが一角獣の夢を見たとしましょう。普通の物理学者たちは、一角獣や夢について何も言うべきことはないと考えています。そこに限界があるのです。

しかし、優れた物理学者なら、ギリシア語のピュシス、つまり「自然」のありようを追究しようという意味での物理学者なら、わたしたちの概念編成を超えた、数学化できない現実が存在することを理解できるでしょう。現代の物理学は、その方向に向かっていると思います。物理学者はこうした哲学的な洞察にとても近いところに来ています。そうした物理学者はきわめて知的で優秀なのです。

ところが、物理学者たちは自分たちがやっていることを理解していません。正しい方向に向かっているのに、間違った道具を使っているために、自分たちのやっていることが見えないのです。それが数学という道具です。数学という道具が、彼らを誤らせてしまうのです。

中島　彼らにとって、数学は宇宙の言語ですよね。

MG　ええ、でもそれが間違いなんです。宇宙に単一の言語など存在しません。日本語もドイツ語も、数学と同じように宇宙の言語です。あるいは、桜の木の声なきざわめきも、その意味では宇宙の言語です。ですから、数学を宇宙を記述するための最良かつ唯一の方法だと考えるのは明らかに誤りです。

▼仏と一角獣の新実在論

中島　あなたの本では、よく一角獣の存在が引き合いに出されます。一角獣も存在するのだと。この議論にわたしはとても引きつけられました。

これを読んだとき、日本の仏僧であり哲学者である空海の議論とよく似ていると思いました。空海はきわめて独創的な思想家でした。彼は、真剣に仏の存在を論証しようとしたのです。それは、一角獣は存在するというあなたの新実在論とよく似ています。

空海はもしも仏が存在しなければ、仏教を信じることはできないと考えました。そのために、彼なりのやり方で、仏の存在に関する新しい理論が必要だったのです。それには、現実を構成する想像力の次元を何としても確保しなければいけないと、空海は考えました。仏はこの想像力の次元を組み込んだ現実に存在する。それはわたしや他のものが存在することとまったく違わない。そして、もし仏が存在するのであれば、わたしたちの存在は、無限の次元が折り畳まれた、無限に開放的な存在の構造を通じて、仏に連関している。この意味で、仏は永遠に存在します。

空海は、このような哲学的な考察を行ったのです。それは、『声字実相義《しょうじじっそうぎ》』というテキストにおいてでした。言語と実在の関係を論じたものです。そこでの議論はあなたの無限の無限という考えともよく似ています。こうして、空海は、仏教によって万人万物を救済する理論を精巧に組み立てようとしました。とはいえ、空海のこうした哲学的挑戦の核心的な意味を理解することは十分にできていません。

MG　刺激的な議論ですね。わたしが言っていることも、「外」があるわけではないということです。ある意味で、存在するものは永遠です。存在するものが時間のなかで展開するしかないにしてもです。というのも、時間そのものが永遠だからです。プラトンは、「時間は永遠の動くイメージである」（『ティマイオス』）と適切に喩《たと》えています。

無限を手に入れたとしてみましょう。映画のなかにいるように、あなたは無限を動かしている。それが時間です。つまり、時間とは永遠の運動なのです。そして、永遠とは、無限に続く連鎖です。ただし、動くことのできる無限です。無限の無限、すなわち超限的な構造をもつ現実は、永遠に運動を続けます。その運動に法則はありません。もし法則があるなら、無限を包含する原理が存在することになるからです。

この運動は無に従う運動で、法則はありません。それは純粋な運動です。法則がないということは、完全な安定も、完全な不安定もないことを意味します。わたしたちは人間の生に関して、ある種の安定を認めることがありますが、それも法則がないという形式においてなのです。それもまた、安定的でもあり不安定でもあるのです。

わたしたちの対話も、夕食前には終わるでしょう。でも、正確にいつか、とは決めることはできません。わたしたちは今、ここで夕食に行くか、まだ待つかを決定することができます。それはあらかじめ決定されたものではなく、開かれているのです。もしかしたら、対話の途中で、わたしは死んでしまうかもしれない。そうしたら、そのときが対話の終わりです。ですから対話がいつ終わるのか、わたしにもあなたにもわかりません。こういうふうに、わたしたちの対話も、法則がないまま動き続けているのです。

▼ギリシアの美しさがもたらす限界

中島　アリストテレスも、プラトンとは異なる考え方で、時間に関する純粋な運動について議論していますね。

MG　アリストテレスの場合は、秩序だった宇宙を前提としています。アリストテレスや当時のギリシア人たちにとって、想像力の源泉は目に見えるものに限られていました。このことは、プラトンであっても変わりません。

彼らの想像力が目に見えるものに限定されていたことは、ギリシアの美しさと関係しています。ギリシアの島々に行くと、限りない美しさを経験します。わたしは夏に滞在したことがあります。夕焼けの写真を何枚か、お見せしましょう。ここで太陽の美しさを目にすると、プラトンが太陽を善の絶対的なイデアと考えた理由がわかるはずです。

ギリシア人たちは「善のイデア」は目に見えるものの原理であると信じていました。プラトンはそれを明示的に述べたのです。プラトンは目に見えるものしか語っていません。ギリシア人にとって、考えることと目に見えることは同じなのです。その理由は、ギリシアが美しすぎるからです。ですので醜いものが存在することは理解できませんし、想像することさえできません。ギリシアの島々に行くと、存在と美の同一性が、古代ギリシア哲学の大きなテーマであることがよくわかります。同時に、そこにギリシア人の限界があったことも理解できるでしょう。

中島　ギリシア哲学を教えている友人によると、古代ギリシアに醜いというイデアはないそうです。

MG　まさにそのとおりです。というのも、あまりにも美しいからです。日本も似たところがあります。日本には、伝統文化が感じられるとても美しい場所がありますよね。美しさの周りにすべてが打ち立てられているのです。

ハイデガーが日本に魅了されたのは、日本に古代ギリシア文化と似たものがあったからかもしれません。わたしも日本を訪れるたびに、ギリシア人が自然を経験したのと類似の経験が、日本にあることがわかります。

しかし、日本とギリシアには違いもあります。日本には地震や津波といった自然災害が頻繁に起きた歴史があります。不安定さの長い歴史があるのです。ですので、非常に美しいけれども、その美しさは常に脅かされていて、台無しになってしまう可能性があります。そのため日本では、美しいイメージは、文字どおり動き続けているのです。

他方で、ギリシア人は美が損なわれるような事態を想像できませんでした。あまりにも美しすぎるので、現実（実在）を直視できなかったのです。ニーチェはそのことがよくわかっていたので、「ギリシア人の神は美しい夢のイメージである」（『遺された断想』一八七五年三月）と言ったのです。すべては幻想にすぎないと。

ギリシアに行ってみるとわかります。幻想を理解できるようになるのです。「ああ、だからギリシア人は、目に見えない何かが存在することを想像できなかったんだなあ」と、あなたも言い出しますよ。

▼自然法則は捨てねばならない

中島　純粋な運動には法則がないという議論に戻ると、これは偶然性にも関係していますね。アリストテレスは、偶然性についてかなり否定的な態度をとっていました。

MG　そのとおりです。なぜかと言えば、アリストテレスは星の運動が最も法則的だと考えているからです。それはギリシア人のなかでは当たり前のことでした。彼らは、天体の星々はエーテルという物質からできていると思っていました。このエーテルは驚くべき物質で、純粋な規則性を生み出します。ところが、その下の地上は混沌としているのです。だからギリシア人は、人間は空を見上げれば何をすべきかがわかると考えたのです。つまり、倫理は星の言葉で書かれていると考えたわけです。

シェリングはこのことを神話の哲学で強く指摘していました。つまり、伝統的な文化はすべて、星を指針としていたというのです。空を見上げれば、向かうべき方向がわかったのです。

星は、昔の人々にとってGoogleマップやインターネットのようなものでした。わたしたちは下を見て、自分が何をすべきかを考えています。上か下かの違いはありますが、やっていることは同じで、それを指針に航海しているのです。

中島 しかし、天の星も常に法則的なわけではありません。たとえば、フランスの作家であり批評家であるモーリス・ブランショは、「墜—星 désastre」という言葉を使っています。それは、「dés + astre」ですから、星が法則から墜ちていくという意味が込められています。それをブランショは災厄と考えているわけです。わたしたちは常に、生において、こうした意味での災厄に直面しているような感覚があります。

MG それはそのとおりだと思います。とりわけ近代が最も深く変えたものは、すべては非現実的（非実在的）であるという認識です。そこには星も含まれています。

偶然性と法則性という点から考えてみましょう。ニュートンは、リンゴの落下から導いた法則がどんなものにも適用できると考え、月も落ちることに気づきました。月が円環運動するのは、月が絶えず落下している結果にすぎないというわけです。まさに星はただ落ちている。「なんてことだ、すべてのものは落ちている！」。これは破局であり、革命です。革命（revolution）とはもちろん天文学的な比喩です。

中島　文字どおり、回転する（revolve）のですからね。

MG　そのとおりです。天体が回転していると思ったら、突然、星も物も落下しているという考えが出てきた。わたしですと、この次のステップは、宇宙のこの破局的な不安定性は、究極の法則に支配されていないことに由来すると理解することになります。

ところが、ニュートンはそちらに十分には進みませんでした。彼の間違いは、落下に法則があると考えてしまったことです。これに匹敵する間違いが、カール・マルクスの、歴史はほぼ自然的な法則に従うという考えです。しかし、そんなことはありません。次のステップに進むためには、自然の法則という考えを完全に捨てる必要があるのです。

宇宙ではすべてが偶然的です。もちろんよく似たパターンもあります。人間のそれぞれの個体が似ているという具合にですね。しかし、類似のパターンが、あらゆる場所に当てはまるわけではありません。銀河系宇宙の法則だと考えるものを「事象の地平面（event horizon）」にまで拡張できると思うのは、現代の物理学の誤りだと思います〔情報は、光や電磁波などによって伝達される。その伝達の最大速度は光速であるが、光でも到達できなくなる領域が存在し、そこより先の情報は知ることができない。「事象の地平面」とはその境界のこと」。

つまり、現代物理学の間違いは、ある特定のスケールで観測される法則が、宇宙のあらゆるところで維持されると仮定するところにあります。たとえば、量子力学が観察しているある地平面での法則は、それを超えて維持されるのでしょうか。そのように考える決定的な証拠はありません。物質が普遍的な法則に従うというのは、前時代的な考えであり、物理学が誤っている点なのです。

物理学で次に大きな問題は、量子力学は普遍的であるという認識です。普遍的な物理学があるとすれば量子力学だけだというものです。

しかし、それは、量子レベルですべてが統一されるかどうかに懸かっています。わたしは野村さんとこの話をしました。彼は現代の量子力学にはまだ、すべてを包含するシステムという考えがあることを認めました。そして彼はこれが正当化できない考えであることにも気づいていました。もし彼やその他の物理学者が、自分たちの研究に組み込まれているそのような形而上学を完全にふるい落としたなら、物理学者たちは正しい方向に進んでいくのだろうと思います。

しかし、それでも彼らが気づこうとしても気づくことのできないことがあります。それは、現象（つまり、現実＝実在がわたしたちに現れてくるあり方）は、わたしたちに現れるものと同じくらいリアルであるということです。これは物理学者がまったく理解していないことだと思います。

リンゴの色とリンゴが放出する波長は同じようにリアルです。リンゴは本当に赤いのです。リンゴの赤が物理的な放射を隠しているわけではありません。リンゴの赤と放射は同じもののふたつの側面なのです。

中島　究極の法則がないということを、もう少し正確に理解したいと思います。たとえば一七世紀の中国の想像力では、世界そのものの原理は変化しうるし、まったく異なる原理に変容することもあると考えていました。これはすべてを包含するシステムとしての朱子学に対する根本的な批判であり、中国に想像力のあらたな扉を開くものでした。

MG　おお、それはとんでもない変化です。

中島　わたしが思うに、おそらく一七世紀のライプニッツは、このようにラディカルな中国的想像力と真剣に対峙《たいじ》して、究極の法則がない状態という非常に困難な問題に触れたのではないでしょうか。

MG　きっとそうでしょう。デイヴィッド・ヒュームへの影響はどうでしたか。一八世紀のイギリス人はよく旅をしていましたから、その途上で中国のラディカルな思考に出会っていてもおかしくありません。

中島 その可能性はありますね。ヒュームもまた自然法則を含む世界の原理の変容を考えていました。法則のなさや原理の変容は、東西をまたいで共有されていたのかもしれません。

MG はい。そしてわたしもこのようにして『老子道徳経』を読みました。

▼宇宙の法則は構築的な神話

MG 法則がない、という話を続けましょう。想像してみてください、自然の法則がこの宇宙のなかで変わってしまったと。人々が思い浮かべるのは、異なる法則をもつ別の宇宙かもしれませんが、しかし、もしこの宇宙のなかで法則が変わったらどうなるでしょうか。もしそんなことが起きたなら、人々は現代物理学のすべてをゴミ箱に捨ててしまうかもしれません。

物理学者は、過去一四〇億年、同じ自然法則が宇宙を支配してきたと仮定しています。でもそれは単なる仮説にすぎません。この仮説がどこから導かれるのか、誰も教えてくれません。それは結局、構築的な神話のレベルにあるものにすぎないのです。

これはわたしの学生であったトム・クレルのアイデアですが、神話には、支配的な神話と構築的な神話という区別を設けることができます。

支配的な神話とは、わたしたちが「神話」として知っているありふれた物語です。神や英雄の物語、現代ならスパイダーマンは、お決まりの支配的な神話ですね。

それに対して構築的な神話は、物事のあり方やある集団にとっての確実性がどうなっているのかを明らかにするものです。宇宙はあまねく自然法則に支配されているというのも、その意味で構築的な神話です。それは物理学者にとっては確実性をもっていますが、誰にとっても確実なわけではありません。

中島　非常にラディカルですね。あなたのそのラディカルな考えが、日本の読者によく理解されているとは思えません。あなたの哲学はかなりポピュラーな仕方で消費されてしまっているように見えます。

MG　そうかもしれませんね。わたしの読者の多くは、リズムやノリのようなものを消費しているのでしょう。わたしの哲学がいかにラディカルなものかは、実際には理解されていないのかもしれません。

わたしが語っているのは、わたしたちの現実（実在）との関わり方は大部分が間違っているということです。今わたしたちが話しているレベルの議論は、物理学にも影響を与えるものです。わたしたちはすべてを変えなければなりません。

十分議論され、一定の結論に導かれた哲学的な思考は、数学的な証明と同じくらい妥当性のあるものです。数学的な証明もある文脈のなかで意味をもちます。わたしは、神的な知恵を提示しているのではなく、科学的な主張のように、段階を踏んで論証された主張を提示しているのです。それはひとつの主張ですから、わたしが間違っている可能性もあります。それでも、それはひとつの理論です。その理論が正しいならば、いや、ある程度まで正しいというだけで、自然科学の世界観は完全に間違っていることになります。

それこそが、わたしの主張していることです。グローバルな文明の基礎となっている科学的世界観は間違っている。それは倫理的に悪質であり、知的にも間違っているのです。

中島　今度日本に来たときは、物理学者や自然科学者たちと、あなたのラディカルな主張について議論することになるかもしれませんね。

MG　東大のＫａｖｌｉ ＩＰＭＵ（カブリ数物連携宇宙研究機構）を訪れたときも、この議論をしました。小さなセミナーで、この議論をもちかけたのですが、しかし、それはソクラテス的状況と言っていいものでした。科学者たちは「知っている」と思っていて、わたしの話を聞く忍耐力はありませんでした。わたしは彼らに少しずつステップを踏んで伝えようとしましたが、彼らは性急に結論に飛びつこうとしたのです。「どうして、わたしの証明のプロセスに耳を傾けないのでしょうか。数学には証明があることを知っているはずなのに」とわたしは言いました。あれは驚かされる出来事でした。科学的世界観のプロパガンダ担当のような一部の人々と話すには、大変な対話能力が必要なんです。

▼ガブリエルと自然科学者たち

MG　ただ、みんながそうだというわけではありません。科学者のなかの卓越した人たちは、とても優秀です。とくに日本の物理学者は素晴らしいですね。わたしは哲学者として、アメリカよりも日本でチームを組む方が、自然科学においても革新的なものを創造するチャンスがずっと大きいと確信しています。

アメリカの物理学者とは議論することさえできません。彼らは優秀な技術者かもしれませんが、それだけでは意味がないのです。まるで武器職人です。「なぜこの武器が必要なのか」と尋ねると「人を殺したいから」と言われ、「なぜ人を殺したいのか」と尋ねると殺されかねません。彼らと一緒に仕事をしてうまくいくはずはありません。

中島　ドイツには、あなたの議論に耐えられる物理学者は誰かいますか。

MG　多いとは言えませんね。一九七〇年代にスティーヴン・ホーキングと時空についての標準となった本を書いた南アフリカの有名な宇宙論研究者、ジョージ・エリスと今、仕事をしています。八〇歳ですが、最も優秀な数学者のひとりです。わたしの盟友であり、わたしの物の考え方を受け入れてくれました。

中島　八〇歳ですか！　すごいですね。

MG　ええ。一緒に論文を書きあげたばかりです。彼の業績に捧げた分厚い本が出る予定です。また、オックスフォード大学には、デニス・ノーブルというきわめて知的な心臓生理学者もいます。やはり八〇歳ぐらいです。彼も同じことを主張しています。

わたしの考え方に最も近い自然科学者は、ウィスコンシン大学マディソン校の神経科学者、ジュリオ・トノーニです。彼は立派な学者です。アレン脳科学研究所の所長と主任科学者を務めているドイツ人の神経科学者クリストフ・コッホと一緒に、「意識の統合情報理論」という新しい意識モデルを開発しました。これは本当に卓越した仕事だと言わなければなりません。

トノーニとわたしは、チリ政府とともに南極近くまで一緒に旅をしながら、多くの議論をしました。トノーニはわたしの議論すべてを完全に理解しています。わたしの経験では、最も優秀な物理学者は、哲学に関心がなく反対も賛成もしませんが、話せばすぐに理解してくれます。

▼哲学は科学である

中島　脳科学者も、無限の無限や超限という概念を考えなければいけませんね。意識とともに生きる、もしくは意識を生きるという出来事は、無限の無限に基づいた、わたしたちの本当に独特の経験だからです。脳科学者はよく「意識をもつことは、心や魂をもつことと似ている」と言いますが、これは誤ったアプローチで、古いタイプの哲学が設定した心身の関係を問う枠組みに属しています。

わたしたちは意識や心などを物理的な事物のように所有などしていません。それらを生きているのです。

MG　たしかにそうですね。でも、トノーニは違います。彼は、物理的現実（実在）から意識へと向かうのではなく、意識から物理的現実へと議論を進めていきます。これはラディカルな転換です。現実がわたしたちに現れる仕方を観察すれば、物理的なモデルのなかに、数学的な形式と連関した何かを見出すことができるというのです。

トノーニとコッホのラディカルな主張を簡単に言うと、こういうことです。意識はニューロン（神経細胞）の発火とは何の関係もない。意識はニューロンの構造ですが、ニューロンの発火ではない。脳の一部をなす格子状の構造によって、意識は生まれますが、意識は脳の活動とは何の関係もないのです。

彼らの研究は画期的な成果をもたらしました。たとえば、いわゆる「植物状態」の患者に意識があるかどうかを検査することができるようになりました。脳の構造を見れば、その脳に意識があるかどうかがわかるからです。しかしいまだに、意識は脳の活動であり、ニューロンの発火だと信じている科学者がいます。それに対して、トノーニとコッホはノーを突きつけます。意識は脳の活動ではなく、脳の数学的な構造・形式なのです。

中島　わたしもふたりの考え方に同意します。ふたりは、脳と意識という素朴な概念を乗り越えようとしていますね。

MG　彼らのように、正しい方向を歩んでいる自然科学者もいるんです。自然科学と哲学は、同じ目線の高さで出会わなければなりません。ところが哲学者の多くは、とくに英語圏の哲学者の多くは、哲学は現代の自然科学の解説役にすぎないと考えてきました。これは馬鹿げた話です。

哲学はそれ自体、科学です。最良の哲学と最良の自然科学は対話のなかにあります。わたしたちは、両者の間にあるものを見つけなければなりません。

中島　もちろんです。

MG　しかし、そういった対話はなかなか生まれません。アインシュタインとマッハの時代にはありましたよね。その対話のなかから量子力学と相対性理論という物理学の最大の発見が誕生したんです。以降、この五〇年間の物理学にそれらと匹敵するものはありません。あの時代の革新的な物理学に比べると、ニュートンも見劣りがします。現代にいたっては、目も当てられません。

▼スケールフリーの物理学と哲学

中島　そう言えば、宇宙に関する著作を準備していると聞きましたが、もう書き終わりましたか。

MG　ちょうど今、書いている最中です。そのなかでわたしは、スケールフリーの物理学を素描しています。物理学者はそれぞれスケールで物理現象をとらえています。それを当然のように受け入れていますが、わたし自身は違う考えをもっています。

スケールを考えてみると、固体のような極大の物体と、原子のような極小の間に、メゾスコピックな（メートルとかセンチメートルで測る中間的な）領域があります。このメゾスコピックな領域では、マクロな領域ともミクロな領域とも異なる物理プロセスが働いているのです。あるいは、量子スケールの世界もまったく違いますね。このように、量子力学とメゾスコピックな領域は、まったく異なる法則に従っています。これらは統一されていません。これが物理学で統一問題と呼ばれるものです。この問題は、誰もまだ解決策をもっていませんが、アインシュタインは、すでにこの問題点を指摘していました。

わたしの解決案を説明しましょう。まず物理学者のように、スケールがリアルだとは想定しません。なぜ、スケールがリアルだと思わなければいけないのでしょうか。これまでも物理学は、人々にリアルのように見えていた、上や下といった区別などないことを証明してきました。物理学は、上や下といった区別に対して中立です。宇宙論では、上も下もありませんよね。

ならばなぜ、スケールがあると考えるのでしょうか。スケールなどないと考えたらどうでしょう。「ひも理論」はそれに近いと思いますが、まだスケールがあると考えています。

中島　古代ギリシアの自然学の議論がよみがえってきますね。彼らは一方で、さまざまなイデアのイデアを考えていました。これはスケールとして機能します。しかし他方で、ふたりの人間の身長を比べて、AさんはBさんより身長が高い。この「より高い」ということをどのように定義するのか。ここで問題にぶつかるわけです。

MG　それは古き良きプラトンですね！

中島　大変難しい問題ですよね。

MG　プラトンは、「より高い」という関係はリアルではないと考えていました。わたしは、その考えを真剣に受け止めています。

物理学者は、クォークは小さいと思っています。そこに間違いがあるとわたしは考えています。わたしは、クォークが小さいとは考えません。クォークには小ささも、高さもありません。スケールで測るという問題は生じないのです。あらゆる現象に普遍的な量子力学が働いていると考えてみてはどうでしょう。それはつまり、どのようなレベルにも原偶然性があるということです。

中島　シェリングの原偶然性（Urzufall）という考えですね。

MG　そうです。このことを真剣に受け入れれば、量子力学の概念を一般化することができると思います。しかし、そのためには、わたしたちは量子力学には特定の対象があるという考えを完全に捨てなければなりません。量子力学が宇宙、自然にとって普遍的であるなら、それはクォークとは何の関係もないことを意味します。

　ですから、コーヒーテーブルの量子力学もあれば、七という数字の量子力学もあるのです。しかし、ここに、そういった理論の表現は数学的であってはならないという問題が立ちはだかります。だから哲学理論の出番なのです。わたしは統一物理学を提唱しましたが、それは哲学です。それが、わたしが哲学的に行ったことなのです。

中島　「物理帝国主義」を信条とする物理学者であれば、あなたが提案しているすべてを否定するかもしれませんね。

MG　きっとそうです。もしわたしの考えが正しければ、そうした物理学者は原理的には廃業しなくてはなりません。今までどおりのことができるにしても、哲学分野の技術者にすぎなくなるでしょう。

　ところが、現在は、その逆です。多くの人が、哲学者は物理学部門で働いていると考えています。哲学者は物理学を支援し、概念の掃除をしているというわけです。

物理学者が大きな問題に取り組む一方、科学に関わる哲学者は概念上の問題を掃除している。わたしの青写真では逆です。哲学者が物事がどうなっているのかに取り組む一方、物理学者は細かい技術的な細部を掃除するのです。

第五章　東アジア哲学に秘められたヒント

▼王弼《おうひつ》とシェリング――中国思想のなかの存在論

中島　ガブリエルさんとお会いするのは二回目で、最初に東京でお目にかかったのは二〇一八年六月の東京でしたよね。そのときお話ししたことを覚えていますか。学生時代に何を研究しようとしていたのかという話になり、若き日のガブリエルさんが中国哲学の研究もしていたと聞いて、わたしはとても嬉《うれ》しく思いました。とくにガブリエルさんが関心をもっていたのは、王弼の『老子道徳経注』でした。

王弼は三世紀の魏《ぎ》の学者で、「玄学」と呼ばれる新しい学問を作り上げた人です。「玄学」は主に『老子』『荘子』『易』の三つの経典を解釈して、「玄」という神秘的な根元を探究するものです。王弼はそこで「無」を概念化して、いわば無の形而上学を作り上げようとしました。

そうした王弼に関心があったというわけですから、日本の読者はこの話を聞いたらきっと驚くはずです。しかも表面的な関心ではない。ガブリエルさんはシェリングの研究者としても有名ですが、ガブリエルさんのシェリング解釈への洞察を与えたひとつの源泉が王弼だとおっしゃっていました。それをうかがったときに、あなたの新実在論が何を目指そうとしているのか、少しわかった気がしました。

王弼とシェリングがどのように結びつくのか、じっくり説明していただこうと思いますが、まずはガブリエルさんがどのように王弼に出会ったのかからうかがいましょうか。

MG 最初は大学院のセミナーです。ルドルフ・G・ヴァーグナーという中国学の研究者がハイデルベルク大学にいて、王弼の『老子道徳経注』の英訳を出しています。そのヴァーグナーと一緒に、ハイデルベルク大学で、「グローバルな文脈でのアジアとヨーロッパ」と題したセミナーを受け持ち、そのセミナーで王弼を議論しました。その後も、研究を続けていました。

中島 ヴァーグナーのその本は日本でも紹介されています。明治大学教授の志野好伸《よしのぶ》さんが詳細に論じてくれました。

MG それはいいですねえ。わたしは王弼というレンズを通じて、『老子』は別の読み方ができることに気づきました。ヴァーグナーは老子を言語哲学者として読んでいましたが、それと同時に、『老子』から存在論を引き出せるのではないかと思ったのです。

王弼による『老子』解釈は、『老子』に理論的な焦点を当てる仕事だったと思いました。ほかにも、政治的な読解もありますし、それらは妥当なものでもありますが、しかし、王弼を読むと、中国思想に存在論があることがはっきりとわかるのです。

存在論と存在という概念は西洋的な発明である、というステレオタイプ的な偏見があります。とくにハイデガーの考えはそうでした。しかし、わたしに言わせれば、これはとんでもない間違いです。王弼は、非常に高度な存在論的な思考が中国にあったことの何よりの証拠です。

王弼の存在論は、存在論の初級編といった代物ではありません。それは実に高いレベルのものです。王弼を証拠として、古代中国には存在論と形而上学が豊かに存在していたと言ってもいいと思います。

▼シェリングの「無底」と王弼の「無谷」

MG　しかも、王弼の『老子』読解は、シェリングの洞察とよく似ているのです。具体的に言えば、わたしが哲学史上、最も気に入っているシェリングの「無底（Ungrund）」という概念に近いものが、王弼の解釈にも、そしておそらく原典の『老子』にも見出すことができるのです。

ある意味で、わたしが哲学者となったのは、無底という概念を知ったときでした。実際、わたしは多くの論文で無底の概念を取り上げています。

では無底とは何か。それは、「現実＝実在は、統一的な法則に支配された存在者（物）の体系ではない」ということです。

これはシェリングの考え方で、ニュートンやカントの思想の流れに真っ向から対立するものです。ニュートンやカントは、現実＝実在を、思考に与えられた多くの点の集まりととらえ、それぞれの点は自然法則に従っているがゆえに、まとまりをなしていると考えます。カントはそうした自然法則の背後に何かがあるのではないかとまでは考えたものの、答えは出せませんでした。

シェリングと王弼は、こうした議論の前提に疑問を投げかけているのです。わたしは、あらゆる中国哲学は、「現実＝実在は、法則に支配された存在者（物）から成り立っている」という近代的な誤った考え方を否定していると思います。

あるいはこう言った方がよいかもしれません。中国哲学には「万物」という観念があり、その万物がそこから生じてくる底（Grund）そのものは物ではないと考えていると。この「無物」が、わたしの読解では「無」であって、それが存在する物すべての背景となっています。

これは素朴な二元論とは異なります。素朴な二元論では、一方に、法則に支配された物の領域があり、他方に法則なき暗い底があると考えます。たとえばショーペンハウアーは、仏教と重ね合わせてこうした見方を示していました。ちなみに、それは明らかにアジアの哲学的伝統からの影響ですが。

しかし、老子と王弼を踏まえると、こうした二元論の構図は素朴です。老子と王弼が言っているのはこういうことです。「穴」や「窓」や「器」といった外に開かれたものが出てくる底がある。つまり、物の背景自体は物ではない。このことに気づくと、物と思われたものも物ではない、つまり「無」であることがわかる。

これが、わたしなりの「無」というテーマのとらえ方です。もし法則に支配されたシステムのもとに、点のような物があるという誤った概念をもつと、その「無」は、物のもっている安定性を得てしまいます。

たとえば『老子』第六章に「谷神は死なず。これを玄牝《げんぴん》という」という一節があります。それに対して、王弼は「谷神は、谷の中央にあり無谷である。それは影も形もなく、逆らうことも相違することもなく、低い位置にあって動かず、静かさを守って衰えない」と注釈をつけています。

ここでいう「無谷」がまさにシェリングの「無底」なのです。シェリングより一五〇〇年以上前に、すでに無底と同様の概念が中国には登場していたのです。ドイツ語で「底(Grund)」は谷のことをも意味しています。ここで王弼が考えているのは、特定の谷に物が存在すると考えてはいけないということです。あえて言うならば、これは根底的で現代的な哲学です。

▼東洋哲学と物理学

MG　思うに、おそらくこのことが、日本や中国が優秀な物理学者を輩出している理由のひとつなのでしょう。とくに日本の過去五〇年間の物理学の業績はめざましいものがあります。それは、技術や経済の発展と関係があるのもたしかですが、もっと深い理由がこうした東洋的な哲学にあるのだと思います。

たとえば、ひも理論や量子力学の興味深い解釈がいい例だと思います。理論物理学者が、王弼の「無谷」のような考えをどこかで理解しているからこそ、こうした斬新な研究が進んでいるのではないでしょうか。

物は決定論的なシステムのなかで秩序づけられているとするニュートン的な思考が間違

っていることに気づけば、実在についてより適切な説明を手にすることができます。そして、自然についてもより深く理解できるようになります。これがわたしが中国の古典から学んだことです。

中島　ええ、よくわかります。ノーベル物理学賞受賞者の湯川秀樹は、ある文章のなかで老荘思想と素粒子理論を重ねて言及していました。わたしが気に入っているエピソードですが、そこには、新しいタイプの基礎づけ、あるいは非基礎づけというものが出てきます。具体的には『荘子』の渾沌《こんとん》の逸話です。「北と南の帝王が、渾沌の領土にきて一緒に会った」という一文をとらえて、湯川は「北と南の帝王」は素粒子のことで、それが渾沌のいる中央で衝突したと解釈したのです。そして、渾沌は「素粒子を受け入れる時間・空間のようなもの」と述べたのです。さきほどの「谷神」も「谷の中央にあり無谷である」と言われていましたが、渾沌はそれに重なるイメージです。

こういったイメージに触発されて、湯川秀樹は中性子の新しい理論を発見しようとしたのです。おそらく現代日本の物理学者も、そういった方法でひも理論を考えていて、そこに強みがあるのでしょう。

▼無の形而上学

中島　王弼の議論に戻りましょう。王弼の無の概念は非常に複雑です。わたしは思い切ってそれを「無の形而上学」と呼んでいます。アリストテレスが「自然学の後に」として構想した「メタ・ピュシカ」にならって、王弼が自然学が扱う物の手前の次元を無によって探究したと考えているからです。そして彼の言語論がそれを支えています。

王弼によれば、言語は単なる手段であり、「意（思っていること）」を表現できれば言語の役割は終わります。しかし、言語は間違って使われたり、誤解されたりしますね。純粋な「意」のために、いかにしてそのような誤解や誤用を避ければよいのか。

王弼はこう考えます。そうした事が起きないように、新しいタイプの言語を発明しよう。それはある種の「取り消された言語」です。王弼は「忘言」つまり「忘れられた言語」という言い方をしています。

これは非常に理解が困難な概念です。言語が作動する前に、その誤用や誤解を生む働きを抹消しなければならない。そのような純化された言語を使用できれば、いかなる誤解も生むことなく、純粋な意を表現することができる。これが王弼の考え方です。王弼にとって、無という概念も同じような役割を果たしています。無とは物と無に分ける二元論ではありません。無は物以前に働くものです。これは一種の取り消された働きです。王弼の非常に微妙な定義ですが。

MG ええ、わたしもそう思います。一般的に、西洋の読者が、日本の伝統的な哲学について も そうですが、とくに中国哲学にもっている印象は、形而上学に対する興味深い対抗思想があるということです。これはウィトゲンシュタインの議論とアジアの思想が似ていることからもわかります。

多くの人が考察しているように、王弼の理想的な言語という概念や、仏教に見られる形而上学的表現の拒絶(不立文字《ふりゅうもんじ》など)といったアジアの伝統的な思想と、ウィトゲンシュタインの『論理哲学論考』(一九二一年)との間には類似性があります。

しかし、ウィトゲンシュタインと比べてアジア哲学の際立った特徴のひとつは、あなたが王弼に対して指摘したように、何らかの操作の取り消しがあり、その取り消しは形而上学的な理論化に基づいているということです。

中島 そのとおりです!

MG 瞑想《めいそう》や救済への明確な道を確保するために、形而上学をただ拒絶しているのではありません。そんなことじゃないんです。これこそ哲学的な理論化なのです。

人と実在の間に言語がどう立ち上がってくるのかに着目するなら、言葉の誤用によって実在を見ることが歪《ゆが》められることなく、形而上学的に言語を鍛えることで、実在をはっきりと見る方法を得ることが保証されるというわけです。

そこには本当に実在があり、哲学はそれを正しく見るのに役立つと考えているのです。それを西洋の文脈に翻訳するならば、こうした理論化は、後期のウィトゲンシュタインよりも初期のウィトゲンシュタインに近いでしょうね。

▼否定神学と王弼

中島　王弼の議論で考えてみたいのは、西洋の否定神学という概念との関係です。王弼の考え方には、否定神学に似ている部分もあると思います。しかし、その一方でまったく違うようにも見えるのです。というのも、否定神学は、否定の道を進むことで、言語の彼方の超越（キリスト教では「神」）に到達しようとするもので、大いなる肯定を予想しているものだからです。

それに対して、王弼の「無」や「忘言」の形而上学は、必ずしも超越に向かうのではなく、いわゆる「超越論的なるもの」に向かうように見えます。言い換えれば、否定神学とは異なる、別の否定性があるのです。

MG　おっしゃるとおりです。わたしがヴァーグナーとハイデルベルクで受け持ったセミナーには、否定神学やプロティノスの専門家であるイェンス・ハルファッセンも参加していました。そこでも、この質問がいつも出ました。

わたしはヴァーグナーとともに、王弼は必ずしも否定神学ではないという見解を擁護しました。たしかに類似点はあります。王弼は、西洋から見るとプロティノスのように見えます。

しかも、プロティノスは普通に考えられているよりもずっとアジア的です。彼や彼の弟子たちがインドに行って帰ってきたといったエピソードもありますね。古代の後期は、ローマ帝国がはるか東まで拡大したため、哲学のシーンも国際的な広がりを見せていました。人々が出会い、思想的な交流をする場も多くありました。中国にも大きな壁はなく、異なる伝統を区別したりはしていませんでした。東西両方向で流動的な交通があったんです。当時の哲学を考える際、このことを常に念頭に置くことが非常に重要です。

しかしながら、この時代の哲学に否定神学を見出せない理由のひとつは、それが神についての理論ではないことです。否定神学はキリスト教とユダヤ教というあり方に依存しています。ユダヤ教とキリスト教という一神教がない状況では、否定性は、神の否定性としては現れません。神は可能性としてすら存在していないからです。当然、唯一神という考えなどはありません。とはいえ、無神論でもありません。それは神学的な概念とは無関係なのです。

ですから、否定神学とは異なる否定性があるということです。それは超越なき否定性です。否定神学は、実体にはヒエラルキー（位階秩序）があるという思想と結びついています。ヒエラルキーという言葉は、否定神学の歴史から来た言葉です。擬《ぎ》ディオニシウス・アレオパギタが専門用語として導入しました。

ヒエラルキーは文字どおりには聖なる秩序です。物質のような質料的なものは流動性があって不安定なので、一番低い階層に位置づけられます。それから魂を有する動物、そして知性を有する人間となるにしたがって高位になっていきます。さらに人間を超えたところに、唯一の絶対者があります。それは、それ自身では構造をもたず、あらゆる物に構造を与えるのです。

ヒエラルキーの思想が抱える問題点は、最上位の存在と最下位の存在との区別ができないことです。質料的なものと絶対者は、どちらも同じ（規定できないという）属性をもっているのです。この問題を解決するために、絶対者については何も語ることができないとされました。絶対者については「絶対的である」とさえ言えません。質料については何らかの仕方で語ることができますが、絶対者についてはいかなる形でも語ることはできないのです。

ここからさまざまなパラドックスが生み出されます。もしそれが語りえないものだとしたら、それを指示した際に、わたしは何をしたことになるのでしょうか。このようにして、別の問題がさらに出てきてしまうのです。

それに対して、中国の伝統思想は、こうしたパラドックスの可能性に気づいています。哲学者たちは、アプローチはさまざまですが、このパラドックスを回避するために、取り消すという操作をするわけです。わたしは、取り消すという操作はパラドックスを受け入れるためのものではなく、その解決策だと考えています。

一方、否定神学は、困難を引き受けざるをえません。否定神学論者はパラドックスを受け入れ、実在の最も深いところでパラドックスが起きていると考えるのです。しかし、それでは実在に対して、不明確な見方しか得られません。実在の最も深いところが不明確だと考えることは、自分の心もまた不明確だということになります。

わたしはこうした問題を認識し、パラドックスを回避する方法を見つけ、概念を変えるために、さまざまなアジアの伝統思想、とくに『老子』の思想を取り上げています。ですから、人間の実在を超えて、言葉では言い表せない何かに向かうことからは始めないのです。

▼「-ing」という動態的プロセス

中島　今の文脈で言うと、王弼は、人と天の区別を強く意識しています。中国哲学の歴史を見ると、人と天の連続性を考えた哲学者と、この連続性を否定した哲学者との間に、大きな対立がありました。

王弼は『荘子』についても論じていますが、『荘子』はとても複雑なテキストです。それは主に、人に対する天の優位を説いています。しかし、最終的には、『荘子』は人の天からの解放を考えています。それは人間の自由の問題に関わるからです。どうすれば天とのつながりを解くことができるか。これが『荘子』の最終的な問題です。王弼もこの問題を非常に強く意識しています。超越としての天に訴えればすむというわけではないのです。

王弼と否定神学との間にはある程度の類似性があるのは確かです。しかしその一方で、王弼は世界をヒエラルキー的に見る見方を乗り越えようとして、「無底」という問題に入っていったのです。正確に言えば、彼はこの無底の意味を洗練しようとする際、「-ing」を強調したのです。それは「無底化」というプロセスなのです。

MG　そう、まさに無底は動態的なプロセスです。無底は、それを理論化するなかで反復されていくプロセスなのです。このプロセスは二元論とは別のものです。プロセスは思考の対象ではなく、思考そのものです。無底は物を結びつけるプロセスなのです。いわばそれは何かが生じていることで、それについて理論化しているわけではありません。

中島　王弼のすぐ後に郭象《かくしょう》という哲学者が現れました。彼は非常にラディカルな思想家でした。彼は、王弼の言うような無の概念はないと主張したんです。無はない。これは本当に素晴らしい考えです。

MG　もちろんそのとおりです！　それが次のステップになります。わたしは論理学者グレアム・プリーストと共著で*Everything and Nothing*という本を今書いています。そのなかでわたしは、すべてが存在するわけでも、無が存在するわけでもないと論じました。すべてというようなものは存在しない。これが「世界は存在しない」ということですね。同時に、無というものも存在しないのです。

中島　だから、「-ing」という動態的なプロセスに注意を向けなくてはいけないわけです。

そうしないと、無底のような理論は容易に二元論に結晶化してしまいます。つまり、一方に無があり、他方に無がないというものです。これではうまくいかないのです。

▼シェリングで考える偶然性

中島　無底という問題に深く関連しているのですが、偶然性についてあらためて考えてみたいと思います。後期シェリングは、偶然性の問題にかなり取り組んでいますね。その「原偶然性（Urzufall）」についてはどうお考えでしょうか。

MG　わたしは、後期シェリングの議論をこんなふうに読んでいます。机の上にペットボトルがありますね。でもさっきまではありませんでした。では、机にペットボトルがない状態からある状態への時間的な移行をどう考えればいいでしょうか。

シェリングによれば、ペットボトルが置かれる以前の状況をすべて知り尽くしても、机の上にペットボトルが置かれるようになることを知ることはできません。たとえ「こういう場合なら、ペットボトルがあるだろう」といったような予見的な知識をもっていたとしても、それは単に、特定の条件に関わる問題を提起するだけです。その条件は、どこから来るのでしょうか。その条件が由来する条件を知っても、さらにその条件の条件自体はどうなるのでしょうか。わたしは条件の条件の……条件という知識はもてません。結局、あるのは事実だけです。シェリングが言うように、この事実が存在するという事実——その事実性——にそれ以上の根拠はないのです。

中島　シェリングが「原事実」と呼んでいるものですね。

MG　ええ、彼はそれを「それ以前を考えることのできない存在」とも言います。他の存在がその背後にあるとは考えられない存在のことですね。ですから、「それ以前を考えることのできない存在」は、ペットボトルにも宇宙にも自然にもなりえます。何であってもいいのです。

しかし、事実の背後に考えうるものはない。これが「無底」の意味するものです。するとここに、後期シェリングのトリックが出てくるのです。原事実を根拠づけるような理由がないことを考えると、原事実がないことの理由もないというものです。

人々は常に、偶然性は何かが存在する理由がないことだと考えてきました。しかし、シェリングは、偶然性が存在することを排除するものもないというのです。つまり、原事実が存在することを排除するものはなく、事実がいきなり生起するということです。これは実に現代的な議論です。

この考えは基本的には、量子力学に基づいた、複数の宇宙が生起するというマルチバース宇宙論と両立可能です。そこでは、統計的なものを超えて、複数の宇宙がいきなり生起するのです。

たとえば、無限の側面をもった立体を想像してみましょう。その立体のひとつの側面にわたしたちがいるとします。そこには無限の時間があります。立体は常に回転しています。これがわたしたちの置かれた状況です。でもわたしたちの状況がそのように示されたものであることに理由はありません。その背後には何もないのです。シェリングは、この立体のようなモデルを一般化したわけです。

あなたは、この立体はどこにあるのか、どうなっているのかと、統計的あるいは物理的な説明を求めるかもしれません。

しかしシェリングに言わせれば、それは間違っています。立体の状況をそのように説明するための、すでに存在しているリアルなものなど必要ありません。あなたに必要なのは、存在するものの無限の可能性だと言うでしょう。このまだ存在していないもの、存在していない可能性が、すべての物において実現されていくのです。

だからシェリングは、原事実は絶えず反復されていると考えました。原事実は物のなかに維持されているのです。宇宙の始まりや時間の始まりがあるということではなく、物事は一連の出来事の途中に生起するのです。ということは、常に別の出来事が生じているということです。物事は常に可能的なものから存在するものへと直ちに生起します。

わたしたちは、物事はつながっていると考えがちですが、シェリングはそれを幻想だと退けます。その代わりに、原事実がその間ずっと反復されていると考えるのです。かつてヘラクレイトスが巧みに語ったように、シェリングも「時間とはサイコロで遊ぶ子どもである」ということを念頭に置いています。

中島　とても興味深いですね。さきほど触れた郭象も、「無はない」と言って大文字の根拠を否定した後に、「有」という存在の「独化（ひとりでに変化する）」「自生（おのずと生じる）」という偶然的な自己発出を強調していました。

ただ、それは現状肯定にもなりかねない側面を有してはいましたが。重要なことは、偶然性を現状肯定に用いるのではなく、ラディカルな偶然性として維持し、現状批判に開く回路をどう見つけるかですね。

▼シェリングからデリダへ

中島　今のお話からすると、シェリングの思想に、ある種の反復可能性の概念を考えることができるかもしれません。同じものが安定的に繰り返されるのではなく、反復のなかに絶えず別のものが入り込む。反復は他なるものに開かれているからこそ可能になる。

それはデリダ的に言えば、差異をともなった反復です。あるいは、反復可能性は単に観念的なものではなく、他者に開かれた経験論を要求すると言ってもよいですね。

MG　まさにそのとおりです。デリダの反復可能性（itérabilité）の概念は、シェリングから直接来ています。彼もそれを認めていました。

シェリングとデリダに関して言うと、初期デリダのレヴィナスに関する論考「暴力と形而上学」のなかに、シェリングの『哲学的経験論叙説』を参照して経験論と形而上学の関係を論じた註があります。そこでは、シェリングが「絶対的な（＝つながりを解かれた）先行者（le prius absolu）」〔absolu には「つながりを解かれた」という意味もある〕とした神が、あらゆる関係性から切り離されて自らに折り畳まれていることが論じられています。

しかし、それこそが経験論であり、「超経験的」な経験論だと言うのです。デリダとシェリングの関係に関しては、『デリダ―サール論争およびデリダ―ハーバーマス論争を理解するための言語理論』（フィリップ・フライターク、二〇一八年、未邦訳）という見事な本があります。著者はわたしの学生です。

　この本で彼は、デリダがどのように論争に勝利したのかを明らかにしています。デリダはあらゆる論争に勝ちましたが、この本には、デリダとシェリングの関係を説明する記述もあり、それを読むと、シェリングの哲学がフランスの教育システムを通じてデリダに入っていく経緯が詳細にわかります。シェリングはドイツ観念論として、他のどの国よりもフランスで受容されたのです。だからデリダたちは、哲学のトレーニングを通じてシェリングをよく知っているわけです。

中島　日本では、シェリングを含むドイツ観念論や、フッサールやハイデガーといった現代ドイツ哲学が、一九世紀末から二〇世紀前半の哲学教育に圧倒的な影響を与えていました。ところが、フランスでそうしたドイツ哲学の受容が本格化したのは、日本よりも遅く、二〇世紀半ばからで、第二次世界大戦後に隆盛を迎えます。それを担ったのは、ヘーゲル研究のアレクサンドル・コジェーヴやジャン・イポリット、フッサール現象学を紹介したエマニュエル・レヴィナスたちでした。彼らがデリダの世代にとっては先生にあたる世代ですね。

▼九鬼《くき》周造の偶然性

中島　さきほど言及された「絶対的な先行者」というシェリングの神が、わたしを悩ませているものです。フッサールの『幾何学の起源』につけられたデリダの序説で反復可能性の概念をはじめて読んだとき、わたしは困惑を感じました。

というのも、彼はそこで、しばしば神の概念に言及しているからです。その上での反復可能性です。具体的に述べると、デリダによれば、神はイデア的なものを基礎づけるための極です。イデア的なものはある種の歴史性をもつといいます。それが反復可能性です。それはいいでしょう。差異ある反復に向かうことで、その歴史性が経験論を導いていることとは理解できるからです。

ところが、その一方で、このイデア的なものの反復可能性の極に神を立てるのです。デリダ、そしてシェリングのラディカルな反復可能性の思考に、しつこく神がつきまとっているのではないか。これがわたしの困惑です。

ここで参照したいのが、日本の哲学者、九鬼周造です。彼はシェリング、とくに後期シェリングの著作をよく読んでいました。そして、シェリングの原偶然性を「原始偶然」と訳した上で、「驚きの情と偶然性」（一九三九年）というとても美しい論文を書きました。

MG　わたしは京都で彼のお墓に行ったんです。でも、そのテキストのことは知りませんでした。それは日本語を学ぶ十分な理由になりますね。どのようなことが書かれているのですか。

中島　九鬼は偶然性を三つのタイプに区別しています。そのうちの最も根本的なものが、形而上学的な偶然性です。シェリングも形而上学的偶然性という概念に言及していますね。しかし、九鬼はシェリングにはある種の限界があると語っています。というのも、シェリングの概念はいつもキリスト教と結びついているからです。

MG　わかります。そこが間違いなんです。

中島　九鬼はシェリングの「原始偶然」を「在ることも無いことも出来るものであって、それに関しては、在るとだけ言えるので、必然的に在るとは言えないのである。そして、そういう原始偶然は一旦起った以上はもはや如何ともし難い運命として課せられるものである。また、運命としての原始偶然に関して、意志は目指さなかった結果を見て驚くのである」（『偶然と驚きの哲学』七一頁）と正確に理解しています。そして、シェリングはライプニッツよりも徹底した偶然性に関する考えだと評価しています。

　ところが、シェリングにもキリスト教の影が深くあるために、「西洋の哲学がキリスト教の影響の下に立っている限りは、純粋な偶然論、純粋な驚きの形而上学は出来て来ないのである」（同、七二頁）という厳しい批判をしているのです。

▼ユダヤ＝キリスト教の伝統から自由になれるか

中島　もしキリスト教的な神が、デリダやシェリングの反復性や偶然性の概念にとって必須条件であるとすれば、九鬼が指摘するような批判にどう応答すればよいのでしょうか。

MG　その指摘は間違いなく正しいと思います。シェリングは、キリスト教を乗り越えようとしました。そこで彼はキリスト教の神話を使って、キリスト教を可能な限り徹底的に脱構築しようとしました。

最後に、彼が再びキリスト教に屈したかどうかはそれほど明らかではありません。元のバージョンのテキストを読むと、屈してはいないようですが。

ただ、残っているテキストに関しては、まだ興味深い問題もあります。シェリングの死後、息子が全集を編集しました。手書き原稿は、息子が誰にも渡さずに保管していましたが、わたしたちは、手書き原稿を見たことがないのです。それらの多くは、第二次世界大戦で焼失してしまったのです。残っている手書き原稿や初版本はごくわずかです。後期シェリングに関しては、大部分がもうありません。しかし、今の信頼できる全集版は、従来とは異なるシェリング像を示唆しています。それは、彼はキリスト教という土台を崩そうとしていたというものです。

たとえば出版されている著作のなかでさえ、『人間的自由の本質』のように、神はまだ存在していないと繰り返し述べているものがあります。もちろんそれは、キリスト教とはまったく両立できない考えです。

それでもシェリングはキリスト教のパラダイムのなかで書いているので、それが大きな弱点になっています。デリダもそうですね。デリダ、ハイデガー、シェリングは——シェリングよりもデリダとハイデガーの方が顕著ですが——依然としてユダヤ＝キリスト教のパラダイムのなかで仕事をしているのです。

中島　そこが問題です。

ＭＧ　そのために、彼らはそのパラダイムの外部を視界に入れず、パラダイムの外部の思考を別のものとして考えているのです。つまり、自分たちが標準だと思っているものとの関係で考えているのです。そして、彼らはこれを決して克服できなかったと思います。

ハイデガーと九鬼を例にとりましょう。ハイデガーはもちろん九鬼に関与しようとしました。

中島　九鬼は、マールブルク大学時代のハイデガーの演習にまで参加していました。

MG　しかし彼は、九鬼の貢献を理解できないものとしてしか考えられなかったのです。ハイデガーにとってアジアは理解できない他者でした。彼には理解できません。

それに対してデリダは、アフリカで育ったせいもあってもう少しオープンです。そのため、デリダの方がよりヨーロッパの限界を見てとることができました。

中島　デリダはアルジェリア生まれですね。

MG　はい、それでも彼は、植民者として、実にフランス的な文脈のなかで育ち、フランスに戻ったのです。

デリダに関して、わたしはいつも彼をフランスのアカデミアのハイエンドだと考えるべきだと言っています。彼はフランスのアカデミアのシステムを批判してはおらず、そのシステムの頂点に立ちたいと思っていたのです。彼はフランスのエリートアカデミーの実に古典的な成果なのです。

中島　一九八三年に、フランスの哲学教育の危機の際に、デリダは国際哲学コレージュを作りましたね。

MG　そのとおりです。このことによって、彼のキリスト教への強迫観念が説明できます。彼の時代の哲学者たちはまだ、ヨーロッパやキリスト教という問題に気を揉《も》んでいたからです。シェリングの方が、ハイデガーやデリダよりは存在神学からより自由だと思います。逆説的に、デリダの方がこれらの問題に深く関わっているのです。

中島　わたしもそう思います。だからこそデリダは、晩年に中国を訪問したときに「中国には哲学がない」と語ったのです。

中国の哲学者たちは、彼の言葉を聞いてとても落胆していました。彼らは、西洋哲学の批判者であるデリダが、異なる哲学をまたいで共有されるような新しい哲学の生成に向けた洞察を与えてくれることを期待していました。でもデリダは、それをしませんでした。

ただ、これはデリダにとってはごく当然なことです。彼はヨーロッパの存在神学の伝統の内側に生きているのであって、その伝統の外に容易に出ることはできないのです。

▼自由意志とは何か

中島　このように多くのヨーロッパの哲学者はキリスト教的パラダイムから自由になれない一方で、中国哲学には自由意志の余地はないと批判しました。あなたは自由意志をどのようにとらえていますか。

MG　自由意志の問題に対するわたしの解決策は、『「私」は脳ではない』の最終章で展開しています。かいつまんで言えば、自由意志とは、出来事構造の一部であるわたしが自己決定することです。物事は法則のない出来事構造の一部として規定されています。

ところが、その出来事構造のある部分はわたしなのです。「わたしがこの出来事である」ということが、自己決定なのです。現実の出来事構造の一部がわたしであるために、それは自己という決定になるのです。この文字どおりの「自己決定」が自由なのです。

ところが、多くの人は自由意志を自己に結びつけ、その自己を作動させることだと考えています。人は自律性を有しているという見方ですね。

わたしはこれを「スターター・モデル」と呼んでいます。車に乗ってキーを回すと、エンジンがかかる。これが自由意志の「スターター・モデル」です。

しかし、自由意志はエンジンをスタートさせるだけでなく、車に乗り込み、キーを回してエンジンをかけ、車を運転し、どこかに到着するという一連のプロセスであるとは言えないのでしょうか。そうすればパラドックス（スターターのスターターは何か）に陥らずにすみます。

というのも、純粋な出来事構造のなかでは、京都に車を運転していったことと、そうしたのはその人だったからだと主張することが、同時にできるからです。わたしはある一連の出来事と同じであって、わたしが出来事なのです。そして、これが自由意志です。

こうした方向でわたしはシェリングを読んでいるのです。彼の考える自由意志はスターター・モデルではありません。シェリングはそれを放棄しています。良かれ悪《あ》しかれ、自由意志という概念はありますし、大きく広がっています。それでも、スターター・モデルは混乱したものだと思います。

中島　あなたの自由意志に関する考え方を中国の哲学に当てはめると、似たような考えを見つけることはさほど難しくはありません。

かつて論じたことがあるのですが、「自発」をめぐる朱子学の複雑な議論は、スタータ ー・モデルの限界を示しながら、出来事の記述を試みていました（中島隆博『残響の中国哲学――言語と政治』二〇〇七年）。

MG　もちろんです。だからこそ「中国哲学に自由意志はない」というのは、オリエンタリストたちが作った神話にすぎません。彼らはただ自由について異なる概念をもっているだけで、もしかするとヨーロッパの自由意志という概念よりもっと適切なものかもしれません。

中島　たぶん、そうなんです。自由意志という概念は、無意識のうちに神をスターターとして導き入れてしまっています。しかし、わたしたちは神ではありません。

MG　ピーター・ヴァン・インワーゲンを例にとりましょう。彼はいわゆる自由意志の著名な擁護者であり、ノートルダム大学のキリスト教哲学者です。彼はまさにスターター・モデルで考えています。自由意志の議論に参加している多くのリバタリアン（自由至上主義者）も同様です。彼らは自分たちのことを、よく小さな神々と言いますが、原因ならざる原因者だと思っています。

しかしこうした考えは、まったくつじつまが合いません。なぜなら、わたしの後ろにもうひとりのわたしがいて、わたしはその人を見ることができないのに、その人がわたしを通して物事を行うと仮定するからです。その人がわたしにスイッチを入れて、行動するように指令を出すのです。さあ、動いて何かを食べなさい。そうすると、わたしの身体《からだ》はその食べ物に向かって移動する。これは一貫性のない見方だと思います。

逆に、自由意志を否定する人の多くは、脳にスターターが見当たらないから自由意志はないと言います。しかし、自由意志がスターターと何の関係もないとすれば、脳のなかに何を見つけようが、それは自由意志について肯定も否定もしません。脳のなかに発見できるのは脳組織と脳内で起きていることだけです。これは自由意志とは何の関連もありません。単により多くのプロセスを見出すだけです。草が青いからといって自由意志が損なわれるわけでもありませんし、脳があるからといってわたしの自由意志が損なわれるわけでもありません。

▼趙汀陽《ちょうていよう》の「天下」理論

中島　少し話題が変わりますが、わたしは今、「天下」という概念に関する中国哲学の議論に関わっています。

MG　天下と言えば、まさに『天下』(『天下的当代性』〈天下の現代性〉、二〇二〇年)を書いた有名な政治哲学者と上海で食事の席で一緒になったことがあります。

中島　趙汀陽ですね。

MG　そうです。彼は、現代中国の哲学者としては、はじめてドイツの出版社ズーアカンプから本を出しました。これは、歴史的に見て画期的なことです。
　ハーバーマスがもっと活動的だった時代であれば、趙汀陽の本がドイツで出版されることを許さなかったでしょう。きっと「これは共産主義者だ、とんでもない！」と言うはずです。これがハーバーマス流の中国観です。ハーバーマスは、誰であれ中国の思想家との真剣な対話に参加することはないでしょう。彼は、中国の思想家はみな共産主義者だと思っていますから。説得するのも不可能です。中国由来の政治思想はすべて悪いと考えているのです。

中島　趙汀陽は「天下」という古い概念に立ち戻ることを提唱し、意識的に普遍の問題を考えています。中国の知識人たちは、どうすれば普遍に関する言説を、西洋中心主義的な世界のなかで取り戻すことができるのだろうかと考えているのです。彼の問いもそこにあります。

趙汀陽は、かつて「中国の夢」という概念を提唱しました。彼は、こう言っています。近代における中国の夢とは、すなわち「近代化の夢」だった。しかしそれは矛盾した夢で、中国から離れることで、中国は自ら近代化を選んだという夢であった。つまり「中国」をいったん「西洋」に変えることで、「西洋」への抵抗を可能にし、再び「中国」となることができる。こうした非常に矛盾した道のりが中国近代であった。

では、現代の「中国の夢」はどうか。彼はやはり、「西洋」の普遍を一度引き受け、通過していくという世界性を備えていなければ、中国の夢は成立しないと考えています。彼が洗練しようとしている「天下」という言説は、こうした普遍の問題に密接に関連しているのです。

MG 彼の議論は、中国が哲学のグローバルな舞台に参加する絶好の機会になると思います。西洋思想には、普遍性はヨーロッパ発の概念であり、他はみな特殊だという神話があります。これは間違いです。中国や日本などでは、普遍性について異なるさまざまな考え方があり、それらもまた普遍性に関わっているのです。

▼東洋と西洋の出会い——概念の大きな循環

中島 わたしはこれまで概念の大きな循環について考えてきました。たとえば人権です。フランスの哲学者フランソワ・ジュリアンの議論（『普遍的なもの、画一的なもの、共通のもの、そして文化間の対話について』二〇〇八年、未邦訳）を参照すると、人権という概念はこのように議論できます。人権は、ヨーロッパにおいて歴史的に誕生した概念です。しかしそれが普遍的であるとはどういうことかを問いながら、人権という概念自体が歴史のなかで変容し、深められてきました。

たとえば、フランス革命のときに掲げられた人権（一七八九年）が意味したのは、成人男性だけです。しかし、それが「世界人権宣言」（一九四八年）になると、今度はすべての人間について保障されるようになっていきます。

人権概念は最初から普遍的だったわけではありません。それが普遍化されるプロセスがあったということです。いきなり普遍が与えられているわけではないのです。人権という概念は、それだけでは内容はよくわかりません。それはさまざまな経験を積み重ね、いろいろな議論を経ることで深められていったのです。こうした普遍化のプロセスを考えることが重要です。

当然そのためには、ヨーロッパ以外の国々で人権という概念が鍛えられる必要がありました。ヨーロッパだけであれば、人権は今のようには鍛えられていかなかったでしょう。というのも、近代ヨーロッパは植民地をもっていた地域です。当時の人権概念の普遍化に対して、ヨーロッパは抵抗します。ヨーロッパに対する外部の存在があったからこそ、この普遍化というプロセスが可能だったのです。

人権という概念は、このように世界中を旅していきました。そしてわたしたちは、旅の過程でこの概念を洗練していったのです。ですからわたしたちは、普遍というものを旅する概念として問い直さなければなりません。

一六世紀以降、ヨーロッパの人々は中国と遭遇します。彼らは、ヨーロッパよりもはるかに古い国があること、そして聖書よりもはるかに古い歴史があることを知ったのです。神の創造は新しいものだった！　ヨーロッパの知識人は驚愕しました。中国には神がいないように見えるのに、社会はよく組織され、規範も守られている。こうしてヨーロッパの学問は、中国と出会うことによって、劇的に変化したのです。

その後、一九世紀になると、中国の方が近代のヨーロッパに出会い、変化していきます。これは概念の大きな循環のよい例だと思います。

「天下」という古くて新しい概念も、ある種の循環のなかにあります。というのも、戦前の日本の言説を見ると、似たようなものがあるからです。その典型が「大東亜共栄圏」です。

当時、日本の知識人はドイツ哲学に強い影響を受けていました。とくに世界史の哲学の影響を受けていました。彼らは「今こそ日本が世界史の中心になるときだ」と考え、天下の言説、すなわち日本を中心とする普遍を発明しようとしました。

たとえば、西田幾多郎の学生であった高山《こうやま》岩男は、その『世界史の哲学』（一九四二年）

において「新たな世界史」を唱えます。そのなかで、「絶対無」という「絶対的普遍性」を日本が支えるという仕掛けを作ろうとしたのです。それが「大東亜共栄圏」という言説の哲学的な基礎づけでした。しかし、それは完全に失敗したのです。

▼中心のある普遍性を疑う

中島　そこで、趙汀陽のような中国の知識人は、戦前における日本の失敗の経験を参照しながら、「天下」の概念をあらたに彫琢《ちょうたく》しようとしています。たとえば彼は「方法としての中国」を主張します。中国を本質化しない。中国は実体ではなく方法にすぎない。これは、竹内好《よしみ》という日本の思想家が言った「方法としてのアジア」を反復したものです。

では、その「方法」としての中国とは何か。それは、「普遍」や「世界」に貢献する中国という夢であり、「方法」はその鍵を握っているものです。彼によると、「方法としての中国」は水のように柔軟なもので、いかなる主義やイデオロギーにも拘泥せず、基礎づけ主義（何かしっかりした基礎があり、その上にすべてを構築できるという考え）を放棄したものです。

MG　アリストテレスは「方法（メタホドス）」という概念を発明しました。彼は、方法とは「ある対象と一緒に進むこと」だと言います。そして、この概念をとりわけ『ニコマコス倫理学』の文脈で導入しました。そこでは、自然学と倫理学の違いが説明されます。つまり、自然学がその対象と一緒に進む道と、倫理学の道とは歩む方法が違うのです。

中島　だとすると「天下」とは、中国に対する異なる理解の方法でなくてはなりません。中国中心の普遍性は決してよい方法ではありません。わたしたちはその限界をよく知っています。

MG　ドイツ中心の普遍性も似たようなものです。わたしたちは同じようなことを経験し、何度も失敗しました。アメリカが現在、同じ愚を犯そうとしています。アメリカは第二次世界大戦以来、ドイツ中心の普遍性を模倣してきたのです。彼らは「アメリカの普遍性」があると実に素朴に考えています。普遍性は「アメリカの」とは言えるはずがないものですけれどね。

差異の存在を否定しているため、差異があることにさえ気づかずに、普遍性を手に入れたと思っている。彼らは、ほかの誰もが基本的にはアメリカ人だと考えているのです。

中島　趙汀陽が提唱する「方法としての中国」は、現状の中国とはまったく別物なのです。しかし、このふたつの側面は簡単に混同されてしまいます。これは大いに問題です。

たとえば、習近平も「中国の夢」を語りましたが、しかし、趙汀陽の「中国の夢」は、それとはまったく異なるものです。趙汀陽は、アメリカン・ドリームやヨーロッパの夢を脱構築し、「中国の夢」の新しい可能性を模索しようとしていました。それは哲学の政治化というよりは、政治の哲学化なのだろうと思います。

果たして脱政治化した哲学、もしくは脱政治化させられた哲学は、政治に再び向かい、それを刷新できるのか、それともより悪しき政治に陥るのか。二一世紀の新しい哲学はどうあるべきなのでしょうか。そのことについては第七章で語りたいと思います。

第六章　倫理的消費が資本主義を変える

▼資本主義は差異とその消費から成り立っている

中島　ガブリエルさんは資本主義についても積極的に発言していますね。資本主義が全体主義と深く関係していることは、一〇〇年前を振り返れば明らかです。当時すでにグローバル化していた資本主義は、国際協調の枠組みを作っていましたが、しかし、第一次世界大戦を防ぐことはできませんでした。むしろ不安定なグローバル資本主義が人々の不安をかき立てることになり、さらに第一次世界大戦の戦後処理を誤り、ブロック経済に陥ったことで、世界各地に全体主義の台頭を許したのです。

現代においても、グローバル化された資本主義のなかで、一国主義が広がっています。今日、資本主義が直面している課題は何か。それについて議論できればと思います。

まず、資本主義にも歴史があり、社会システムとの複雑な関係のなかで変化してきていますよね。それでも変化を貫いて、資本主義を支えている仕組みがあります。それは富を蓄えるのではなく投資に向かわせるというシステムです。資本が回転していかなければなりません。

そのためには、時間の支配の形式が確立していなければいけません。資本を投下して回収するのが投資ですが、それを可能にするためには、単線的な時間を設定して、未来を現在の変容として理解する必要があります。

それでも、なぜ投資によってあらたな富が生み出されるのでしょうか。それは、こことあそことの間に、今と未来との間に、「差異」があると考えられるからです。差異は資本主義の基盤です。人々は差異を生み出し、それを消費するサイクルを永遠に回すことを求められています。ところが、現代の資本主義では差異の過剰消費に苦しんでいて、次々に無理に差異を作り出しては、廃棄しています。

MG　そのとおりです。わたしたちは差異を購入しているのです。いや、差異が現代の資本主義の貨幣になっているのかもしれません。

では現在の資本主義において、差異はどのように作られているのでしょうか。先日、アメリカン・エキスプレスの会議で、あるメディア理論の研究者から刺激的な意見を聞きました。彼は、デジタル時代とは差異が見渡せる時代だと言うのです。

この考え方に立てば、Facebookや新聞のデジタルサイトにある広告はすべて説明できます。そこでは、(ロック歌手の)スティングが買ったニューヨークの集合住宅が目に入ってきます。写真もたくさんあります。こういった広告の機能は、裕福な人々がどういう生活をしているかを伝えることにあります。ネットを見れば、ありとあらゆる差異が目に入ってきます。

中島　資本主義の倫理を考えるならば、差異の消費というモードを変えていかなければならないですね。

MG　そう思います。アメリカン・エキスプレスの会議では「ビジネスクラスの方がエコノミークラスより値段が高いのはなぜか」という問題も話題になりました。それに対する答えとして、「ビジネスクラスでは、フラットなシートに身体を倒して、美味《おい》しいワインを飲むことができる」というものもあるかもしれません。しかし、わたしが家で横になるのに、費用はまったくかかりませんね。空の上で横になるのに、そこまでの金額の差があるのはなぜでしょうか。もちろん多くの人は、快適さにお金を払っていると言うでしょう。その側面も多少はありますが、現実には「差異」そのものにお金を払っているのです。

中島　なぜ会議でそのことが話題になったのですか。

MG　彼らは今、機内でのストレスを問題視しているからです。なぜエコノミークラスの席にたどり着くために、ビジネスクラスを通過しなければならないのか。それは、その結果、エコノミークラスの人々がビジネスクラスに乗りたがるようになるためです。「きっとあの乗客たちは……」とビジネスクラスのサービスを想像して、刺激されてしまうんですね。それに対して、ビジネスクラスの人は、自分たちのステータスを誇らしく感じ、エコノミークラスの人たちを貧しい人々だと見下すようになります。

しかしその一方で、ファーストクラスというのは、ビジネスクラスやエコノミークラスからは見えないんですね。ここでは見えないことが、差異を生んでいます。それによってビジネスクラスの人は、ファーストクラスに憧れを抱くわけです。

では、ファーストクラスは頂点でしょうか。そうではありません。彼らは、プライベートジェットをもっていないからです。そのため、ファーストクラスの人もプライベートジェットをもっている人からは、差別されているように感じるのです。

ドナルド・トランプが格好の例です。トランプは、アメリカ大統領の専用機であるエアフォースワンで飛ぶことができないことに引け目を感じていました。だから彼は大統領になったんです。彼がアメリカの大統領になる目的のひとつは、エアフォースワンに乗ることでした。彼だってプライベートジェットをもっていました。もしかしたら、それはエアフォースワンより性能のいい飛行機かもしれません。それでも彼は、大統領しか乗ることのできないエアフォースワンが最高の飛行機だと考えた。そういった差異に人はお金を支払うわけです。

中島　とはいえ、そういった差異は、人々が思っているほど大きなものではありませんよね。実際は、とても緩やかな差異でしかない。

MG　そうです。資本主義の最も深い差異は、関与と引き離しの間の差異です。資本主義はその差異を搾取します。マルクス主義理論で言えば、使用価値とその象徴的な交換価値の差異ですね。資本主義は人を物から引き離して、引き離された物に高い価値があるように見せるのです。資本主義の価値はそうやって生まれます。その価値に取り憑《つ》かれることがフェティシズム（物神崇拝）です。引き離されることで、物は実際以上に魅力的に見えてしまうのです。

▼「コトの資本主義」の限界

中島　わたしは、資本主義というシステムも大きく変化し続けていると思います。これまでの資本主義を振り返ると、モノの資本主義からコトの資本主義へとシフトしてきました。「モノの資本主義」では、労働によって製品というモノを生産し、それを流通させて所有します。人間は、そこでは労働者です。生産が労働の中心にあり、所有が生を彩っていました。「わたしとは何であるのか」と問われれば、「働く者だ」もしくは「何かを所有する者だ」と答えることが、容易にできたはずです。

ところが、ある時期から世の中にはモノがあふれるようになり、消費しても消費しても追いつかなくなります。資本主義はここで、コトに向かいます。差異を作り出し、差異を消費する資本主義は、モノではなくコト、すなわちある種のパッケージ化されプログラム化された出来事に向かったのです。

こうして、差異がなければ差異があるように見せる、あるいはそれを経験する出来事自体が差異として消費されるようになりました。「違いを作り出す」が合言葉です。

ただし、そのコトはプログラム化されパッケージ化されているので、偶然性に乏しいものです。そこに偶然性をどう組み込んでいくのかが腕の見せ所ですから、偶然性が脚光を浴びます。しかし、そうした偶然性は構造的にやはり乏しいものです。

そして今、「コトの資本主義」にも限界が訪れているように見えます。何かをコトとして消費することも、絶えず差異らしきものを生み出さなければならず、実に苦しいことだからです。哲学は、新しい消費の概念、倫理的な消費というものを考えなくてはいけないのではないでしょうか。

MG　そう思います。

▼倫理的な消費を目指す

MG　倫理的な消費を教える講座を受けると想像してみましょう。たとえば、その講座には哲学者と経済学者と学生が参加して議論をする。といっても、消費を批判するようなものではなく、倫理的な消費とは具体的にどういうものかを議論するのがいいでしょうね。一週間に何本のテレビシリーズを見るべきなのか、それはなぜなのか、といった議論でもいいでしょう。なかには、そういう制限を設けるべきではないと言う人もいるかもしれません。

現在は、大量のテレビシリーズが制作されています。一〇年、二〇年ほど前だったら、誰もが同じテレビシリーズやビデオゲームについて話すことができました。しかし現在は、コンテンツの量が多すぎるので、五人であっても同じドラマを見たり、同じ漫画を読んだりすることはまずありません。

書籍もそうです。ある時期までは誰もが長い間読んでいた古典がありましたし、その本について議論することもできました。時間を持て余していたわりに、それほどたくさんの本がなかったからです。古典は繰り返し読めるように編まれています。だから古典というのは無限の可能性を秘めているんですね。『オデュッセイア』や『マハーバーラタ』は非常に複雑な内容なので、一生読み続けることだってできます。これらの作品は当時の人々にとって唯一の消費（フィクション的な消費）の媒体だったわけです。

それに対して、現在のフィクションは、Netflix のシリーズのように単純なストーリーのものばかりです。これらは一度限りの消費のために設計されているからです。アメリカのドラマシリーズで名作と言えるのは、『ザ・ソプラノズ』や『となりのサインフェルド』などごくわずかしかありません。

日本の映画も同じではないですか。日本の古典映画は、何度でも鑑賞できます。『東京物語』を完全に分析することなんてできません。ショット、スピーチ、陰影、動きなど、細部にわたって分析すべき要素が数多くあります。それに対して、『バトル・ロワイアル』のような現代の人気映画はどうでしょう。これは『ハンガー・ゲーム』のようなもので、一度限りしか見られない映画がほとんどではないでしょうか。

こうした経緯を踏まえて、倫理的消費に関する講座では、コミュニティにとって望ましい映画制作がどういうものかを問うことができるかもしれません。たとえば論争的に、同じ映画体験を共有できないような状況は、コミュニティにとって望ましくないとか、過剰に映画やドラマシリーズを制作しすぎることは、コミュニティにいい影響を与えないと考えることもできます。

とはいえ、専門家しか鑑賞できないような複雑な映画がひとつだけあったとしても、それはおそらくコミュニティの創造には寄与しないでしょう。ですから、真に民主的な芸術とは何かを定義すべきかもしれませんね。

哲学についても同じことが言えると思います。わたしたちは、たった五人しか理解できないようなテクニカルな哲学を作ることもできます。でも、そういった専門的にすぎる哲学は、ほとんどコミュニティに貢献することはありません。

逆に、あまりにも通俗的なベストセラー哲学書がドイツにはたくさんあります。安いので、けっこうみんなが買っているんです。でも、中身はからっぽで、文字が並んでいるだけで、何もありません。セックスを減らそう、瞑想をしよう、インターネットの利用を減らそう……。単なる自己啓発モノですね。だから哲学もその表現の仕方を、倫理的な消費という点から再定義するべきです。

中島　同感です。わたしの本は難しすぎてすぐに消費しにくいとよく非難されます。でも、実のところ、そうだとは思わないんですよね。適切なルートをとれば、山頂に登ることができます。そこには何の秘密もありません。

わたしが望んでいるのは、中国哲学のステレオタイプ的な理解をやめることです。神秘的、実践的、調和的なものを見出そうとするような理解の仕方ですね。それは中国哲学を無自覚に消費しているのであって、そこから問いを立てようとはしていません。しかし大学の内であれ外であれ、人々は自分で問いを立てることを洗練しようとはあまり望んでいないのです。

MG それは、自分の消費に自覚的ではないからですね。マクドナルドに行くとよくわかります。東京、アブダビ、ピサ……、どこのマクドナルドに行っても味はほぼ同じです。東京でビッグマックを食べることも、アブダビで食べることも同じ体験ですから、人々は消費のプロセスに気づくことはありません。

わたしは、こういう無自覚な消費は非倫理的な消費だと考えています。つまり、消費が倫理的かどうかの基準は、その消費に自覚的かどうかなのです。

「何かを読む」という消費も同様の基準で考えられます。地下鉄のなかで、Facebook のニュース記事を読むことは、きわめて非倫理的な消費の一例です。なぜか。人々はそれが自分を愚かにしていることに気づかずに読んでいるからです。ですから、自分が読むことに無自覚な読書は、非倫理的な読書なのです。

▼エネルゲイアとしての消費

中島 その流れで、ひとつ考えたい概念があります。「花」という言葉です。中国語の「花」は動詞でもあり、何かを消費するという意味があります。中国語の「花時間」は時間を消費するという意味になります。この「花」というのは、非常に面白い概念です。

MG へえ、そんな意味があるのですね。どんな類いの消費ですか。時間のいい意味での消費ということですか。

中島 基本的には悪い意味ですね。それでも、倫理的な消費の議論にこの「花」の概念をあえて生かしてみたいと思っているのです。

中世哲学を専門とする知人の哲学者によると、エネルゲイア（現実活動態）は種子から開花へのプロセスです。エネルゲイアの状態にある花は、結果的に実を結ぶことがあるにせよ、定められた目的のために咲いているわけではありません。花は理由や根拠、そして目的もなしに咲く。それこそが、アリストテレス哲学が提示する「エネルゲイア」だというのです。

わたしはこういう花のイメージを、倫理的な消費に生かしたいと思っています。それは、新しい変容を促す想像力を消費にもたらしてくれるからです。

ここで、近代の中国文学の想像力を参照してみましょう。近代中国文学の父と呼ばれる魯迅《ろじん》は、消費という概念にきわめて意識的でした。彼は近代中国を飲み込もうとしている非倫理的な消費に抵抗するために、花のイメージを使ったのです（丸尾常喜『魯迅——花のため腐草となる』集英社、一九八五年）。

さらに彼は、文学のなかでの倫理的な消費について考えようとしました。彼は速やかに朽ちることを主張しました。後に名声を残したりする、まさに資本主義的な運動から引き下がろうとしたのです。そして、こうした「速やかに朽ちる」というあり方こそ、書くことそのものでした。

魯迅の「迅」は速いという意味です。「魯」は反対の意味で、遅いですね。ですから「魯迅」は、遅くて速いという意味になります。この矛盾に満ちた名前は、何かを示唆しているように思います。魯迅は資本主義の速度、近代の速度を考え、そのシステムに抵抗しようとしたのです。

その意味で、速やかに朽ちることは、資本主義システムに対する批判に関与することなのです。しかし、その希望は決して実現されませんでした。

MG　まったく実現されていません。しかし、変化も感じています。

▼弱い規範と「礼」

中島　消費の話に中国哲学での弱い規範の議論を少しつけ加えさせてください。わたしは中国哲学のなかで、「食べる」という概念にずっと関心をもっています。儒教には「礼」という概念があります。礼は、食べることや死といったわたしたちの生における暴力の次元に関わっています。わたしたちは生きるために、動物や植物を殺して食べるのですから。

MG　食べることと殺すこととはともにあるものですね。

中島　はい、そのために、礼は食べるといった消費の形態に関わっています。こうした消費において、どうすれば規範的なものを開くことができるのでしょうか。礼はこの問いへのひとつの答えであって、消費のなかに弱い倫理を発明しようとします。わたしは礼が倫理的消費のひとつの出発点となりうるように思います。

こうした意味で、わたしたちは礼という概念を再定義しようとしています。わたしたちのいう礼は、人々の生活を束縛するような前近代の儀礼ではありません。それは、人々を倫理的に解放するための礼なのです。

　では、どうすれば二一世紀の礼を再定義できるのでしょうか。それは、来るべき規範であり、非常に弱いものです。わたしたちは弱い規範としての礼という問題に直面していま す。

MG　興味深い思想ですよね。現代の倫理学では、道徳的価値と単なるエチケットの間には大きなギャップがあると考えがちですが、それが誤りの元です。たとえば、アメリカでは、箸ではなくフォークとナイフを常に使っています。とはいえ、箸を使うことは単なるエチケットではありません。

　人々は「子どもを虐待してはいけない」は普遍的な道徳であるのに対し、フォークやナイフで食べるか、箸で食べるかは、その人しだいだと言うでしょう。しかし、それは人しだいではありません。フォークやナイフでは、本当に美味しい和食は食べられません。ところがアメリカ人は、自分たちにはそれができると思っています。だから和食のレストランで「フォークとナイフをもらえますか」と頼むわけです。これは大きな間違いです。

　この例が示すように、弱い規範はアプリオリにあるものではありません。魚の切り身の形に応じて、それに適したフォークやナイフ、もしくは箸の使い方があります。その意味では、礼は偶然的なもので、状況によって、礼のあり方はまったく異なってくるはずです。

　しかし、いったんそのゲームに参加するなら、特定の振る舞いが正しいものとなります。規範性は、明確に定義された一連のゲームのなかで、正しい動きと正しくない動きを区別するからです。つまり弱い規範とは、与えられたゲームに固有の規範性を意味します。

　したがってわたしたちは、礼という観点に照らして、普遍的倫理という考えを弱くすべきかもしれません。カントならそれに反対するでしょう。カント主義者は、倫理と礼の間に、正確で強い区別を設けます。しかし、倫理と礼を結びつけることができれば、非常に進んだ思想になるでしょうね。

中島　古代中国をフィールドとして文化人類学と哲学を研究しているマイケル・ピュエットは、カント主義を強く批判していて、倫理と礼を結びつけようとしています。これはあなたの議論をサポートするひとつの例ですね。

　ちなみに、礼は食だけでなく死者に関わる問題でもあります。どうすればわたしたちは、複雑な感覚で死者と向き合えるでしょうか。これは本当に政治的な問題です。しかし同時にとても哲学的で倫理的な問題でもあります。

たとえば日本では、戦死者に関して厖大な議論があります。さらに、韓国と日本、中国と日本でも大きな議論があります。礼に対するわたしたちの新しい考えは、この死者の問題に貢献することができるでしょう。

MG　今とくに欧米では、死者の存在を抑圧しています。わたしたちは、死を日常から逸脱したものとして経験するようになってしまっているのです。わたしは最近、父を亡くしましたが、それは信じがたく特別な経験でした。ところが、日常生活のなかには、死のための場所も空間もありません。人の死は日常生活の日常性を破壊するものになっているのです。

しかし、死は常に起こるものであり、死ほどありふれたものもありません。そのために伝統的な礼では、人々は死を日常のなかに招き入れていました。そうやって死者を悼んできたわけです。

中島　死を前にすると、喪の過程が必要ですね。

MG　ええ。遺体の骨を保存して、居間のテーブルに置く。そういう礼が昔はありました。これは現代人からすると常軌を逸したものに思えるでしょう。現代ではもはやそういうことはしません。遺体を灰にして、その灰も遠くに隠そうとするのです。そうやってわたしたちは死を日常から逸脱したものに変えてしまいました。これは明らかに資本主義的な消費文化の一部になっています。

食材に関しても同じです。ドイツでは、完全に清潔な鶏を調理して食べます。アメリカでも同じですね。

中島　単なる製品になっています。

MG　そのとおりです。それは、まるで鶏の形をしたプラスチックのかたまりのようです。ベジタリアンの方がましなのかもしれませんが、彼らが肉を別の選択肢に置き換え始めている理由は、結局どちらを食べても同じだからです。つまり人々は肉を食べてはいないんです。マクドナルドのパラドックスは、素材は肉ですが、人々は肉を消費しているのではないということです。

あるいは多くのドイツ人は、魚を丸ごと食べることができません。切り身しか食べられないのです。おそらくドイツ人に魚を丸ごと一匹与えると、ショックを受け、食べることはできないでしょう。彼らはそれが動物であることに気づいてしまうからです。

しかしその一方で、地域によっては、食材や肉そのままの姿を目に見えるように料理するところもあります。とくに中国がそうです。本物の中華料理を目にすると、西洋人たちはショックを受け、食べることができません。西洋人は、動物を食べられる部分と食べられない部分とに分け、食べられる部分にだけ向かいます。それは、動物を食べていると感じずにすむからです。それに対して、中国人は、動物を殺しているということを知って食べているのです。

▼「人の資本主義」

中島　消費が、礼や弱い規範と結びつけば、資本主義の概念は根本的に変化するはずです。さきほどわたしは、モノの資本主義やコトの資本主義は限界に来ていることを指摘しました。今、わたしたちは新しいタイプの資本主義に入ることを求められています。

それは同時に、新しい資本主義を通して人間を再定義することが求められているということです。わたしはそれを「人の資本主義」とあえて呼んでいて、立命館大学とともにこのテーマの研究プロジェクトを展開しています（立命館　稲盛経営哲学研究センター、「人の資本主義」研究プロジェクト）。

「人の資本主義」がどういうものなのか、わたしとしてはまだイメージの段階ですが、礼はそのヒントになるものです。つまり、礼は、他人とのつながりのなかでともに生き、ともに変容しつつ、共同の経験を豊かにするものです。さきほどガブリエルさんが言ってくれたように、礼はアプリオリに決まったものではなく、わたしたちが歴史的に共同で作り上げ、変化させていくものです。そのため、それは定められた計算可能なものではありません。

礼としての消費は、人々が出会いながら、そこで起きる計算を超えた偶然的な出来事を歓待するものでなければなりません。

わたしは、日本の企業人たちにこうした「人の資本主義」についてかなり話をしてきました。企業や企業の人たちは、この新しい視点を理解しようとしています。哲学者は彼らと協力して、新しい資本主義を創造することができるし、その過程で人間を再定義することができるでしょう。「人間 (human being)」ではなく「ともに人間的になること (human co-becoming)」としての人間ですね。

MG まったく同感です。わたしたちは、グローバルな観点から新しい礼を創造しなければなりませんね。

大きな話になりますが、まず、全人類的な機関が、資源を分配する機能をもつべきです。そしてその機関には、地球上のできるだけ多くの人が参加できるようにしなければなりません。つまり、新しい資本主義の社会経済的な目標は、限定された地域だけでなく、グローバルな中流階級の創造でなければならないということです。

今、中国には中流階級が存在していますが、彼らは過剰に消費する非倫理的な中流階級です。しかも上から暴力的に作られた中流階級です。

中国が大きく進歩しているのはたしかです。しかし問題があります。本当にそうするかどうかはわかりませんが、たとえば中国は、かつてのヨーロッパがそうしたように、自国の中流階級を増やすために、アフリカを植民地化しようと考えるかもしれません。

国際機関の目標は、誰もが中流階級になることができるようにするということです。これはマルクス主義の夢でした。しかしマルクスは二〇世紀にはいなかったので、こういう言い方はしませんでした。彼にはグローバルな目標について考える語彙がなかったのです。

あなたが企業人と一緒に、新しい資本主義の研究プロジェクトを運営していることも素晴らしい取り組みです。もしわたしたちが、そういったプラットフォームを作ることができれば、資本主義に正しい方法で影響を与えることができ、多くの人が興味をもつと思います。あなたがそれを翻訳して、世界に発信することもできますね。

現在の資本主義市場は、新しい市場に変えることができます。倫理は有用な製品になりえるのに、なぜまだそうならないのでしょうか。自分の経済取引が、他人の生産条件を高めるような構造になっていると想像してみましょう。わたしは、フェアトレードでペルーの農民のコーヒー豆収入が少し増えるようなことだけを念頭に置いているのではありません。わたしが議論したいのは、ペルーの農家がより多くの収入を得られるような、新しい経済構造を構築することです。そうすれば、ペルーの人々は生産量を増やし、よりよい仕事をするために必要な機械を手に入れることができるようになります。

すべての農家が、社会保障もないまま、太陽の下で一四時間働かなくてもいいような世界を想像しましょう。つまり、わたしたちがデジタルサービスとグローバルな資金の流れの助けを借りながら、コーヒーを買うことで人々の生活の質を向上させるようなシステムを想像するのです。

想像してみてください。些細なことに見えるかもしれませんが、あなたが何かを五ユーロで買う選択をしたとします。しかし、その場合、あなたがその製品を五ユーロで買うと子どもたちが死んでいくことをよく理解していたとしたらどうでしょうか。それでも買うでしょうか。その代わりに、七ユーロで買うとすれば、わたしは七〇〇ユーロと言っているのではありません、あなたはどこかで官僚主義的な悪の削減に少し貢献することができ、子どもたちが死ぬことにはならないとすればどうでしょうか。

こうした想像力を働かせることができれば、他の製品は市場から消えてしまうでしょう。これは完全に想像可能であり、大企業はこのようなモデルに興味を示すと思います。

こうしたシステムを構築するために、大企業は哲学者を雇うべきだと思います。弁護士だけの倫理コンプライアンスチームを作るべきではありません。博士号をもった優秀な哲学者のチームを作れば、会議室のなかで事業に関連する哲学を教えてくれるはずです。

たとえば任天堂に五人の哲学者がいたらどうでしょう。彼らに一定の研究費が与えられて、社会学者や物理学者など、自分たちに必要な研究者と協力しながら、仮想現実の存在論や偏見の研究をするわけです。彼らは「もしマリオが、ステレオタイプ的なイタリア人として描かれているとしたら、それは悪いことだろうか。ルイージはどうか」と問い、イタリア人の考えを聞くべきだろうと提案するかもしれません。あるいは、このカメを全部倒すことにどういう意味があるだろうか、と議論を始めるかもしれません。こういった倫理的な背景のもとで作られた新しいゲームをプレイすれば、よりよい人間になれると想像してみましょう。

これは、わたしたちの人生の可能性を高めるためのプロジェクトになるものです。しかし現在のコンプライアンス担当者には、このような哲学的な可能性など念頭にありません。しかし、ラディカルな想像力をもつ哲学者ならば、こういった議論をすると思います。

第七章　新しい啓蒙に向かって

▼全体主義と普遍

中島　ここまでの議論を通じて、ガブリエルさんの新実在論が、二〇世紀という過去と二一世紀という現在の全体主義への批判に基づいていることがよくわかりました。わたしもまた、日本の全体主義を支えた近代日本哲学の哲学的構造を把握する必要があると考えています。単に政治的に批判するだけでは不十分で、その哲学的構造自体を把握しなければなりません。

それは優れて「普遍」に関わる問題です。全体主義が想定した普遍は決して普遍的なものではなく、ある種の悪しき相対主義を許すことで、きわめて暴力的なものになりました。わたしたちは新しい普遍の概念に向かう必要があるのだと思います。ガブリエルさんは今日どのような仕方で普遍に向き合えばよいとお考えでしょうか。

MG　概念を構築していく方法や理論的な挑戦の方法は、最初の段階からグローバルであるべきだと思います。理論を構築しようとする最初の一手、そしてそれに続くどの一手にも、これから展開される論理が含まれています。そのすべてのプロセスにおいて、誰かを知的なエイリアンとして扱う発想を入れてはならないのです。

もし理論の前提が普遍的に受け入れられるものでなく、他の諸伝統に根づくこともできないのであれば、その哲学は悪へと向かいます。つまり、他の諸伝統を見てそこに似たものと違ったものを見出すことができず、コミュニケーションのモデルが非対称的であれば、その哲学は悪へと向かうのです。これが大原則です。

わたしが「存在」という概念から哲学を組み立て始めた理由もそこにあります。わたしは、さまざまな他の言語で、物という概念がどのように文脈のなかで表現されているのかを考察しました。

中国語で「ツンザイ」、日本語で「ソンザイ」と読む「存在」という文字は、ある文脈での「being」です。ご存知のように、「ソンザイ」はドイツ語の「Sein」を翻訳した言葉ですが、意を汲《く》んだ適切な複数の文字で構成されています。

もちろん中国の伝統にも、存在の思想はあります。それは「道」という言葉で語られているものです。道は、存在者が途上にあるということです。それ以外にも、道家思想で用いられる、器、舟、家、内や外といった比喩はすべて、わたしの感覚では、存在についての思考を明らかに示しています。

▼複合語の可能性

中島　今のお話には、とても触発されます。わたしはこの数年、世界哲学というものを考えてきました。世界哲学は、非常に複雑な概念です。わたしはそれを複合語として理解しようとしています。

たとえば「gentleman」という語は、「gentle + man」ですが、「gentleman」の意味は、「gentle」+「man」という単純な足し算とはまったく異なります。複合すると、新しい概念になるのです。

わたしはこうした「複合（compound）」という概念に理論的に注目しています。さきほどの翻訳語としての「存在」もそうですね。複合語に注目する背景にあるのは、このような問いです。ある特定の文脈で、異なるタイプの言語と向き合う場合、わたしたちは何をどのように理解することができるのか。

ここで再び参照したいのが、日本の空海の哲学です。彼は独創的な哲学者であると同時に、優れた仏教学者、儒学者でもありました。彼は当時の唐を訪れましたが、そこはグローバルな経済マーケットと哲学的概念の大循環からなる世界帝国でした。空海は中国から仏教の新しい概念を持ち込み、それを日本で用いる際に「複合」という概念に訴えたのです。

空海にとって、最も根本的な問題のひとつは複数の言語でした。サンスクリット語と中国語と日本語の関係をどう考えればよいのか。これは、とても難しい問題です。現代のわたしたちは、経典の翻訳を洗練していけば、経典に表現された大文字の意味に到達できると思っています。前提として、異なる言語は翻訳可能なのです。

しかし空海はそうした考え方を拒否しました。空海からすれば、事は翻訳の問題ではなかったからです。サンスクリット語は神聖な言語でしたし、安定した書記システムとしての日本語はまだありませんでした。そうすると、空海の問いはこうなります。どうすれば、中国語や日本語といった言語をこの神聖な言語に重ねることができるか。この問題系のもとで、意味と言語について考えるために、複合語が登場します。複合語を通じて異なる言語をひとつに組み上げてみようと着想したのです。

MG 素晴らしいですね!

中島 空海の『声字実相義』というテキストでは、「声」「文字」「現実」の三つの概念が複合しています。これらは概念としては区別されるように見えますが、その実、決して別物ではないというのです。声は文字にほかならず、声と文字は現実にほかなりません。これはきわめて形而上学的な主張ですね。

ただし空海は注意深く、もし実践の次元がなければ、複合語は愚かな空想になってしまうと考えています。つまり、わたしたちの関与があってはじめて、複合するものを「即《すなわち》」として理解できるのです。こうした実践的な関与を通じた複合によって、わたしたちは言語と現実との独特の関係を手にするのです。

▼世界哲学と権力関係の中立化

MG　複合という発想はとてもいいですね。わたしの方は、カール・ヤスパースの用語である「世界哲学」について考えてきました。ヤスパースはハイデルベルク大学で「世界哲学」の概念を提唱しました。ハイデルベルク大学には、ヤスパースを記念した、カール・ヤスパース記念高等トランスカルチャー研究センターがあり、わたしもその設立に関わっていました。ですので、世界哲学については、わたしもずっと考えてきましたし、複合語は世界哲学にとって素晴らしい理論をもたらすと思います。

わたしたちはさまざまな伝統の間での対話を通じて、複合的なものに到達します。人々はどのような形であれ、非対称性を事前に想定することなく、対話的な状況に入らなければなりません。

その場合、オリエンタリズムは排除しなければいけませんし、逆に、アジアの伝統が優れていると思って対話に入るべきでもありません。どちらが優れているか、劣っているかということではないからです。どれも思考なのです。思考、つまり考えることの本質は権力関係に立つことではありません。グローバルな世界で哲学が果たす役割は、権力関係を中立化することです。それは、倫理は中立的なものに向かうと考えることです。

倫理とは政治的な分布において左派を守ったり、右派を擁護したりするものではありません。そうした擁護は、むしろ倫理の対極にあるもので、政治であり、闘いです。中立性という概念は、中島さんの言う複合語という点からも説明できますし、ガダマーが「地平の融合」と呼んだ形式として考えることもできます。

中島　世界哲学という概念を考えるとき、わたしたちはふたつの考え方と縁を切りたいと思っています。ひとつは「世界のなかの諸哲学」という考え方です。世界の諸地域の哲学を集めて、その違いを示そうとするもので、これに関してはすでにいくつかの哲学的な著作が出ています。

ところが、こうした理解はしばしば、批判なしに地域的な価値の保存に陥ります。必要なことは、世界哲学において、地域哲学が相互に変容することです。

もうひとつは、長く続いている哲学のクリシェ（常套句《じょうとうく》）で、範例的な「世界的な哲学」「普遍的な哲学」があるという考え方です。これは哲学にヒエラルキーを持ち込むもので、ひとつの中心的な真の世界哲学があり、そこから枝分かれして地域的な哲学があるというものです。こちらの理解も問題があります。

▼「普遍化する」というプロセス

中島　哲学は中立であるべきだというあなたの考えは、複合としての世界哲学という概念に照らしても実に示唆的です。そして、わたしは、世界哲学を考える際に、「普遍」ではなく「普遍化する」というプロセスに注目しています。

MG　ええ、普遍性というものがあるとすれば、普遍化するさまざまな方法がなければいけません。普遍化することを複数化できるかもしれませんね。つまり、普遍化することは、複数のなかにありうる。それぞれみな出発点が異なり、異なる「動き」があるからです。

普遍が「動き方」すなわち「道」とつながっているならば、つまり、もし普遍性がきっちり定義されたゴールではなく、「動き方」であるとすれば、当然、多様な「動き方」があることになります。さまざまなダンスのスタイルがあるように。

あらゆるスタイルのダンスに共通しているのは、もちろん踊ることです。踊る動きのないダンスなどありません。しかし、「これが本当のダンスだ」と言えるような原ダンスがあるというわけではないのです。ダンスにはさまざまな踊る動きがあり、そこに何らかの共通点がありますが、それを見つける唯一の方法は、一緒に踊ることなのです。

ですから、ふたつの異なるスタイルのダンスを一緒に踊れば、そこに複合が生まれます。その複合がどのようなものになるかは、一緒に踊ってみるまでわかりません。わたしたちは複合の結果を事前に予想することはできないのです。

これがわたしの普遍性についての考え方です。しかし、普遍化を始める前に取り除くことのできるものもあります。たとえば、現在の世界中のジャーナリズムに認めることができるような、深刻な愚かさと人種差別です。あらゆる国で起きている愚かなナショナリズムの形態もそうです。

▼人間という動物の普遍性

中島　ガブリエルさんが言うように、普遍性を普遍化のプロセスとして考える必要がありますね。そうすると、普遍化のプロセスのなかに、中立性という概念をどのように導入するのが適切なのでしょうか。

MG　それは重要な質問です。わたしが相対主義者に対抗して用いる例を挙げてみます。ドイツ人の赤ん坊が日本人の養子になったとします。その子の脳や身体のあり方はまだドイツ人ではないので、将来、その子が日本の詩人になることもありえますね。その子は何にでもなれるのです。その逆も同様です。日本人の赤ん坊がドイツ人の養子になると、将来のドイツの首相にもなりうるし、ドイツの詩人になるかもしれない。当然ですよね。

それは、時間を超えても同じことです。タイムマシンを使って、二〇万年前の人間の赤ちゃんを現代の日本に連れてきたとしても、その子は完璧な日本人になれるでしょう。

人間の身体は、おそらくずっと以前からこうした形で安定しています。正確なことはわかりませんが、この安定性は人間という動物の可塑性を意味しています。人間という動物は普遍的に同じあり方をしていて、わたしたちはその人間という動物を、教育や訓練によって特殊化していきます。しかし、生まれたときの元々の動物としてのあり方は普遍的なのです。

娘のエピソードをお話ししましょう。ある日、わたしの四歳の娘が「誰かが幼稚園で「黒い人は怠け者だ」と言っていた」と話してきました。幼稚園で人種差別的なことを言う人がいたわけです。わたしが「黒い人ってどういうこと」と尋ねたところ、彼女は「わからない」と答えました。彼女には皮膚の色は見えていなかったのです。つまり、彼女は「黒い人」を「肌が黒い人」として考えてなどいなかったのです。当然、人種差別など理解することさえできません。

わたしにも同じような経験があります。同じく幼稚園のころ、ドイツでホロコーストが起きたことを聞きました。でもわたしは、ユダヤ人が誰なのかもわからなかった。誰かが「それはある宗教のメンバーだよ」と言ったのですが、それでもわたしは理解できなかったのです。ですから、なぜ誰かがユダヤ人を殺していいと思ったのかについて、まったく理解が及ばなかったのです。

▼倫理を教育する

MG　しかし、わたしたちは人間を教育してある特定のものにしなければなりません。人間は個人でもあり動物でもあります。教育は深遠なことではなく、地上的な貢献なのです。人間という動物として、わたしたちは普遍主義者として出発します。しかし、それだけでは十分ではありません。教育して、ある倫理的なあり方を身につけなければならないのです。

人間を動物として考えることは、行動経済学がよくやっていることですが、そのモデルは機能しません。というのも、それは倫理を自然化しているにすぎないからです。動物であることの普遍性は、ほんのわずかの要素でしかありません。

次のもっと重要なステップは、わたしたちが文化に深く入り込んだ状況です。今わたしたちは英語で話していますが、母語は日本語とドイツ語ですね。伝統的な文化が、普遍性について語るなかに登場してきます。そうすると、対話において中立化する形式を探さなければなりません。本当に重要な課題や、難しい問題について対話すると、意見が対立する可能性がありますから、それをどのように中立化するかも学ばなければなりません。

とはいえ、わたしたちは、対話する以前にその結果を知ることはできません。わたしが、中絶問題や市民権などについて、まったく異なる政治信条をもつ人と話したとしましょう。それが、実際の対立になったとしても、どんな結果が出てくるのかはわからないのです。場合によっては、その対立のなかで、誰かがわたしにもっともな理由を教えてくれるかもしれません。

▼ハーバーマスの限界

MG　しかし、勘違いしないでほしいのですが、わたしはハーバーマス派ではありません。ハーバーマスはこう考えています。わたしたちがお互いに議論をすれば、理由を与えたり尋ねたりするゲームを通じて、普遍的に受け入れられる結果が得られるのだと。彼は、そういったゲームが普遍的なゲームではないことを理解していません。論理的な体系のなかで理由を与えるだけでは不十分なのです。

というのも、発言には背景や文脈があり、それは生きているものだからです。たとえばドイツと日本は、ふたつの異なる社会システムで、多くの文化的な要素から成り立っていますね。そこには、実に複雑なコミュニケーションのモードがあるのです。

どの文化にも、わたしが「暗黙性」と呼ぶものがあります。実際の状況では、言葉で話せることもあれば、身振りでしか表現できないこともあります。わたしが学部長と交渉する場合、もちろん話もしますが、それよりももっと重要なのは、上を見たり、下を向いたりといったわたしの動き方です。学部長はそれを読むんですね。彼の興味はわたしの言葉よりもむしろ動き方にあります。わたしが何を言うのかはもうわかっているのです。

中島　ということは、ハーバーマスが唱える「伝達可能性」という概念では、うまくいかないということですね。

MG　伝達可能性という理念は、ハーバーマスが大学でゼミを運用するモデルに基づいて、それを過度に一般化したものにすぎないのではないかと思うことがあります。当然ですが、ゼミのような状況では、誰かがルールを作らなければなりませんし、誰かが上司なのです。そこには教授がいて、そして学生がいるのです。

▼意見の相違が社会の接着剤

中島　では、あなたの中立性の議論は、ハーバーマスの議論とどのように違うのでしょうか。

MG　わたしのモデルは、どのような対話的な状況であっても、中立的な基盤を見出す可能性があるということです。今準備している『虚構』という本の第三部で、社会的存在論を展開しているのですが、そこでは、社会をつなぎ合わせる接着剤は意見の相違であると論じました。これは、ハーバーマスの合意モデルとは正反対なものです。

具体的にはこういうことです。人間はそれぞれ、事物を異なって見るために、常に異なる意見を表明しています。これは、それぞれの人の空間的な位置や個性によるものです。誰もが異なる心の歴史をもっています。あらゆる心の歴史をひとつに統合するようなア・プリオリなルールブックなどありません。

わたしが自分の人生のなかで培ってきた思考と、あなたがあなたの人生のなかで築いてきた思考、つまりわたしたちの心の歴史が、今ここで重なり合っています。それはわたしたちが思考を共有しているからです。しかし、それぞれ別々の思考をしている以上、常に衝突する可能性はあります。お互いにそれぞれの考えがあり、それが知らないうちに対立することだってあるからですね。

わたしたちの対話が暴力的でないのは、こうした衝突の可能性を中立化しているからです。それは、対話を前に進めるために、わたしたちを結びつける話題に焦点を当てることによって中立化しているのです。意見が衝突するような話題が生じた場合でも、対話を続けることができれば、わたしたちは対立を首尾よく収めることができるでしょう。

いわばわたしたちは、それぞれの心の歴史から衝突地帯をダウンロードし、重なり合う部分を作ろうとしているわけです。そのためのルールブックはありません。ハーバーマスなら、理性というルールブックがあると考えるでしょうけどね。

中島 もし理性がルールブックだと考えているなら、それはやや素朴にすぎますね。

MG そうなんです。ルールブックなんてありえません。

▼中立性のプラットフォームを

MG 「文化」は、とても複雑な用語です。わたしは「諸文化」という言葉に賛同しませんが、今は単純化してドイツ文化とか日本文化といったものがあると想像してみましょう。両者が近づいて接触すると、意見がぶつかる可能性があるし、歴史的にもそうでした。

こうした場合、わたしが考える普遍性とは、中立性のプラットフォームを作ることです。中島さんの用語を使うならば、普遍化するプロセスとしてのプラットフォーム、ということになりますね。

大学、教育、出版といったこれまでの制度には、さまざまな形の非対称性があります。だからこそ、新しい制度を早急に創設する必要があります。それは、グローバルな世界秩序における哲学の使命、すなわち普遍的な平和という使命なのです。そうすれば、哲学が世界哲学となりえますね。

もし哲学が、さまざまな伝統が混じり合い絶えず対話がなされる思考様式になるならば、人々が他の伝統に対して非対称性を感じることさえなくなるような状況が訪れるでしょう。さまざまな伝統は、自分たちの歴史の一部だと考えるようになるからです。

たとえば、ボン大学の国際哲学センターでは、誰もキリスト教のパラダイムを（特権的なものとして）理解していません。ここにいる人たちは、デリダがユダヤ教とキリスト教を尊重しなければならないという考えの持ち主だったことなど知りもしませんから、そのことをわざわざ伝えなければならないほどです。彼らがそのように理解していないのは、無神論者だからではありません。そうした精神が過去にあったことをもはや知る由がないのです。ボンには、そうした伝統はすでにありません。

中島　わたしが、北京大学と東京大学との共同プログラム（東京大学東アジア藝文書院）を立ち上げたのも、諸伝統の混じり合いのなかから新しい普遍を切り出そうとするプロセスの一環です。それは、あなたの言う中立性のプラットフォームに近いものかもしれません。

MG　とても興味深い試みですね。理想的には、大学は政治を中立化する役割を果たすべきだと思います。ところが現在は、その反対に大学の政治化が起きています。とくにアメリカではそうですね。

ですから、向きを逆にできればと思っています。大学を政治化して左と右にし、政治的な分布のなかに置くのではなく、逆に大学から政治を中立化することができないでしょうか。中立化することで大学は政治に影響を与えなければなりません。なぜなら、政治は、科学と技術のために大学を必要としているからです。

近代国家、たとえば中国は、社会工学や建築を研究する大学なしに、上海の浦東《プートン》にあるスカイラインを建設することはできません。どんな政府であっても、それがたとえ悪質な政府であったとしても、大学の助けなしには目標を達成することはできないのです。

その意味で、大学は中立化という対抗的な力を備えるべきだと思います。これは左派的な従来の哲学者モデルとは異なります。哲学は反対勢力の立場を占めるべきではありません。というのも、それは政治家にとっては与《くみ》しやすい立場だからです。政治家は敵との戦い方を学者よりもよく知っているのです。

この意味で、大学は単なる反対者になるべきではありません。そうなれば、わたしたちは実に容易に負けてしまうでしょう。政治闘争を政治家に仕掛けて、どうやって勝つことができるのでしょうか。彼らは政治闘争のプロなのですから。

それに対して、わたしたちが得意とするのは中立化であり、考えることです。政治家は考えることが得意ではありません。しかし、彼らこそ考えることが必要なのです。今のわたしの戦略は、考えなければならない状況に政治家を連れ出し、中立化することなんです。

▼グローバルな制度と「新しい啓蒙」

中島　あなたのアイデアを実現するためには、現在の大学システムのなかで新しい制度を構築する努力をしなければなりませんね。その場合、あなたはどういう制度が望ましいと考えていますか。

MG　グローバルな制度を作ることが必要です。わたしがそのことを出発点と考えているのは、カール・マルクスのような人々がすでにグローバルな仕方で考えることを創造していたからです。マルクスは活動家ではなく理論家でした。思想によって変化をもたらすことは可能です。理論家という意味では、マルクスはいわばわたしたちの仲間です。考えること、とくに制度について考えることによって、歴史的な現実の進路を大きく変えることが可能なのです。しかし、それは自動的に起きることではありません。わたしたちがもう一度やらなければならないことです。

その際、興味深いことに、わたしたちは同じ戦略をとっているのですが、大企業に入ってもらうことが必要です。これが「新しい啓蒙」だと思います。

古典的な左派の哲学者は、企業を悪だと決めつけ、企業と一緒に仕事をしたいとは思わなかったでしょう。しかしわたしたちは、現実的な力をもっている企業を必要としています。企業のなかには、イデオロギー的ではなく、啓蒙の目標に向かいうるものもあります。企業人のなかには哲学者と一度も話をしたことがない人もいるかもしれませんが、その人たちは原則としては哲学者と話すことに対してオープンマインドなのです。

ビジネスの世界にも啓蒙的な人々がいる以上、哲学はそういった人たちとチームを組んで、世界をよりよい場所にすることができるはずです。しかし、こうしたことは今まで実現したことがありません。これは新しい現象なのです。これが「新しい啓蒙」としてわたしが考えていることです。

中島　日本の文脈では、哲学者のある人々は実に奇妙な自己イメージをもっています。つまり、自分たちは役に立たない学者だと感じているのです。文部科学省もまた、哲学者は役立たずだと説得しようとしたことがあります。こうした伝統的な言説が、日本の社会に蔓延しています。わたしはそうした考えを支持しません。それは端的に間違っているからです。

MG　客観的に見ても間違いです。今の話は、数学者に「君たちは数のことしか考えていないから役立たずだ」と言っているようなものです。しかし、数学は有用に決まっています。哲学はそれ以上に有用なのです。なぜなら哲学はあらゆる有用な思考の基礎だからです。

中島　ええ。そういった言説は未熟で素朴なものなのに、哲学者もそれを哲学的に否定しない場合があります。それどころか、「哲学は本質的に無用だ」と言って、それに意図的に従う人までいます。

MG　よくわかります。要するに、出来の悪い哲学者が多すぎるのです。

なぜひどい哲学者が多いのか。これは制度的な帰結だと思います。これまでの制度は、その価値評価とインセンティヴのシステムを通じて、ひどい哲学者を引き立ててきたからです。もし、あなたがそうした哲学者なら、キャリアを積むのは簡単です。誰も読まないようなつまらない論文を学会誌に発表すればいい。しかも、そんなに数は必要ありません。どこかでよい終身雇用契約を得て、現実から隠れて本を読む。

それは居心地のいい生活だと思いますが、その人たちはなんら自分の仕事をしていません。こうした人々が役に立たないのは、哲学が役に立たないからではなく、教育担当の省庁が、批判的な思想家よりも役に立たない哲学者を好むからです。つまり、あなたの言うような役に立たない哲学は、官僚主義的な悪によって作られてきたわけです。

▼大学における官僚主義的な悪

中島　ガブリエルさんがアドルノとシェリングについて博士論文を書くことを禁じられたという話がありましたね。その話は実に心に染みてよくわかります。若いころ、わたしも大学のゼミで発言することを禁じられた経験があるからです。

その背景はこうです。ゼミを受け持っていた教授が、ヨーロッパ哲学に対してややステレオタイプ的な議論をしていたので、わたしは次のような質問をしました。

ヨーロッパ哲学はそれほど素朴なのでしょうか。ヨーロッパ哲学はそれ自体、非常に複雑な歴史をもっていて、現在もたとえばデリダがヨーロッパ哲学を繊細に脱構築しようとしています。もしヨーロッパ哲学を矛盾を孕《はら》む複雑なシステムとして見ることができるならば、中国哲学も同じように見ることができるかもしれません。それはいわゆる東洋的な想像力に還元できるものではないと思います。中国哲学は独自の歴史をもち、独自の複雑さをもっている。このような観点から中国哲学を考えることはできないのでしょうか。

これは、デリダを読んでいた当時のわたしの世代にとっては当然の問いでした。ところが、その教授はこの問いの後に、わたしの発言を禁止すると言ったのです。

このことは、わたしの学問人生のなかでは非常に象徴的な出来事であり、それ以来、わたしは日本の中国哲学研究が前提としていた枠組みを批判することで、あらたな哲学の可能性を開こうとしてきたのだと思います。

MG　それはまさに官僚主義的な悪であり、全体主義ですね。それは倫理的な暴力であり、この場合は解釈学的な暴力です。官僚主義的な悪は暴力を生み出します。よい質問がなされた大事な瞬間に、回答を得る代わりに、暴力を受けるわけです。

ハイデガーがそういうやり口をよく使っていたと、彼のゼミナールに出席していたハイデルベルクの教授から聞いたことがあります。彼はあるとき、一緒に教室にいたハイデガーとガダマーに、物理的な時間と実存的な時間との関係について尋ねたそうです。「存在と時間」というテーマとの関連からすると、これは実にいい質問ですよね。物理的な時間があることは否定できないわけですから、それが実存的な時間とどういう関係があるのか。

ところがハイデガーはこう答えたそうです。「これはハイデガーの問いではない」と。このように、ハイデガーは三人称で自分自身を語ったのです。これはまさに全体主義的な思考法です。答えをもっていないとか、今考えているところだと認める代わりに、あるいは誠実で合理的な答えを与える代わりに、彼は推論の連鎖をブロックしたのです。これは普遍化していくプロセスとは正反対のやり方です。

この場合、中島さんがさきほど提案した「複合」をするような形で、ハイデガーが回答することだってできたでしょう。つまり、答え方はいろいろあったわけです。「そのことは考えてもいなかった。素晴らしい質問だが、わたしにはわからない」と答えてもいいでしょう。あるいは、「自分にはわからないし、考えてもいなかった。アインシュタインを読み、物理学者と対話して、実存的な時間と物理的な時間の関係をわたしに教えてほしい」と学生を励まして、学位論文を書かせることもできたし、そうすべきだったと思います。「もし実存的な時間がないのであれば、わたしの概念を変えなければならないし、やめなければいけないかもしれません。それを明らかにしてほしい。それがあなたの研究です」と言うこともできたのです。

哲学的な研究とは、そうやってするものです。それは実に当たり前のことなのですが、ほとんどの人はそうはしていません。絶対的な大多数の教授は、自分自身のゴーレム（泥人形）を作ることにしか関心がないのです。彼らは自分と同じようなものを作りたいと思っています。弟子たちは、小さなフランケンシュタインのようなマシーンにすぎません。自分とまったく同じような人間が、彼らにとって完璧な弟子なのです。これは科学としての哲学に対するひどい理解です。

「科学哲学」と呼ばれているものがありますが、それはまさに哲学と同じものです。その理由は、哲学が他の諸科学と似るべきだからではありません。哲学は科学的に探究できるからです。それは、真実の探求に向かって開かれたものなのです。

▼「複合」のプロジェクトとしての大学

中島　発言を禁じられた経験以来、わたしは制度や大学の意味について考え始めました。その後、京都にある立命館大学に就職しました。立命館は私立大学ですが、制度や大学のあり方について、とてもユニークな考えをもっていました。

当時の文学部長から、新しい大学の青写真を描いてほしいと頼まれ、そのプロジェクトに参加させてもらいました。そこで考えたのが、英語と日本語を同時に使って、留学生と日本人学生が一緒に学ぶ大学です。わたしは、この大学を本当に国際的に開かれた大学にしたいと思っていました。その後、この立命館アジア太平洋大学は、幸いにも成功を収め、ビジネスの世界からも高い評価を得るようになりました。今では、アジア各地に人脈ができ、卒業した人たちは世界各国で就職しています。それは大学のモデルを変えるためのわたしたちの戦略だったのです。

もうひとつ、立命館に新しい大学院（先端総合学術研究科）も立ち上げました。そこでは、新しい言説を立ち上げるために、わたしたちが論じた弱い規範性や弱い倫理性に焦点を当てようとしました。これも当時としては、新しいアイデアだったかもしれません。

その後、東京大学に戻りまして、大学の内側から大学についての考え方を変えようとしました。わたしは同僚とともに、「共生のための国際哲学研究センター（UTCP）」という新しい組織を立ち上げました。一〇年以上、この組織の運営に携わってきましたが、それは今でもあらたに変化し続けています。

当時、わたしたちは新しい哲学の言説を切り開くために、国際的な研究者に参加してもらおうと考えていました。哲学は、真に理論的であると同時に真に実践的なものです。ですから、理論と実践がそれぞれの極点で出会わなければならないと思っていたのです。それが当時のわたしたちの基本的な考えでした。

MG ボン大学もいわゆる卓越大学として、全体的なパフォーマンスを上げています。それもあって、わたしはボン大学にとどまり、そこで新しい提案をしています。それはWEと呼ばれるもので、新しい普遍性に関わり、大学のあらゆる制度がその周りに作られるのです。具体的には、既存の学問分野に基づいた分業を、「生活と健康」「モデルと現実」「個人、制度、社会」といった普遍的な課題を扱う、学際的な研究領域に置き換えるということです。その上で、学際的な研究領域で活躍している教授を、寄付講座の教授職にあらたに採用しています。単に学際的な研究をするだけではなく（それは誰もがすでにやっています）、学際的な研究を用いて、普遍的な諸課題の間に新しいものを創造しようとしているのです。大学は、既存の学問分野でもなく、単なる学際的でもない、中立的な何かを創造しているのです。

中島 それこそまさに「複合」のプロジェクトですね。さまざまな普遍的な諸課題の間で、豊かな相互作用が作られているのですね。

MG　ええ。ボン大学は、社会の新しいモデルを創造し、それをさまざまな制度に反映させ、政治にもフィードバックしようと考えているのです。それがわたしたちがここでやろうとしていることです。

▼社会的想像と新実存主義

中島　多文化主義の哲学者であるチャールズ・テイラーの「社会的想像」という概念を借りれば、今の哲学者たちは何らかの方法でこの社会的想像を刷新しようとしていると言えるでしょう。あなたの言う中立化も、社会的想像を刷新するひとつの鍵となりうるものです。

MG　「社会的想像」はとてもうまい表現だと思います。わたしたちがやっているような異なる取り組みを、多くの人々がさまざまな地域で実践すべきだと思います。

あなたが北京大学と共同で設立したプログラムは、地域的な政治的対立などを考えると、非常に興味深く感じます。ローカルなものを作るには、このようなフローやフィードバックの仕組みが必要だからです。そして、ローカルに創造したものに普遍化する構造があれば、他の普遍化の戦略にフィードバックすることができるのです。

それはまったく新しいビジョンで、いい考えだと思います。このような新しいモデルが必要だと思います。その際、「社会的想像」という概念は非常に有用です。なぜなら、人間は基本的に自分たちをどう理解するかという観点から人生を送っているからです。

わたしの小著『新実存主義』のなかで、このことをテイラーと議論しました。わたしの根本的な考えは、人間もしくは人間的であることは、自分が誰であるのかを考えながら人生を生きる能力として定義できるということです。わたしたちは人間的であるとはどういうことかを理解し、さらにそれがどう自然と調和するかを理解するのです。

こうした把握は必ずしも科学的である必要はありません。人々はそれよりも広い現実のなかで自分の役割に対する想像力をもっているのです。人間の自由とは「わたしは誰なのか」という問いに答える能力のことです。

だからこそ、わたしは新実存主義と呼んでいるのです。この問いに対する答えは、人によって異なるでしょう。しかし、答える能力は普遍的なものです。誰もが社会的空間における自分の位置を想像しているのです。

▼市民宗教の新しいモデル

中島　わたしの記憶が正しければ、一九九六年にテイラーは「カトリック的近代？」という講演をしました。そこで彼は、宗教ではない宗教性の次元を考えようとしたと思います。中立化の可能性を考えたとき、わたしたちはどのようにしてそれぞれの社会における宗教性に向き合うことができるでしょうか。

ＭＧ　それは、現代の政治哲学にとって最も難しい問題のひとつです。哲学者としてそれを非合理的だと判断しなければならないとすれば、宗教の巨大な現前をどう扱えばよいのでしょうか。哲学者ならば、ルソーの言う「市民宗教」の側に立たないわけにはいかないと思います。それは、宗教を市民宗教によって置き換えることです。

中島　市民宗教は、第一章で話題にしたロバート・ニーリー・ベラーの市民宗教論を思い出させてくれます。これは、ルソーが『社会契約論』で論じている市民宗教とも関係していますが、ベラーは別のパースペクティブを示しています。

というのも、ベラーの市民宗教は、トクヴィルの描くアメリカの民主主義を基盤としているのに対し、ルソーの言う市民宗教はフランスの民主主義を基盤としているからです。

これらはかなり違うもので、アメリカとフランスの革命と民主主義に関するアーレントの区別を持ち出してもよいかもしれません。つまり、アメリカの地方分権的で複数の声からなるような革命と民主主義に対して、中央集権的でひとつの声に結集していくようなフランス的な革命と民主主義という区別ですね。ちなみに、ベラーはその最晩年、市民宗教は民主的な社会でのみ機能すると言っていましたが、ここでの民主主義はトクヴィルが見たアメリカの民主主義を念頭においていたと思います。

しかし、今、アメリカでは何が起きているのでしょう。トクヴィル的な民主主義は実におかしな状況に変わってしまいました。人々は分断され、複数の声が響きあわなくなってきたのです。どうすれば、市民宗教とトクヴィル的な民主主義について、わたしたちは考え直すことができるでしょうか。

MG　未来のための望ましい市民宗教は、強力な哲学的思考と科学的思考を融合させたものであるべきだと思います、つまり、あらゆる形態の学術的知識が組み合わさって機能するというものです。そして哲学は、こうした反省的思考の根底にあるものです。それは哲学が最も優れているからではなく、哲学とは「わたしたちとは何であるのか」を考えることだからです。

その意味で、哲学はメタ学問、学問の学問と言えるでしょう。学問の本性について考えることこそ、哲学の本性なのですから。

つまり、哲学は数学や論理学よりもさらに一般的なものです。哲学は論理学を超えたものです。なぜなら、純粋な哲学は論理学を基礎づけるものであり、論理学に従属するものではないからです。

わたしたちには、組織的な知の形態、つまり論文の査読プロセスや大学の質的な水準によって学問的に保証された知の形態があります。こうした学問的な知が、ポピュラーな表現形態と組み合わさることが必要です。

たとえばアメリカの良質のテレビは、時々そういった取り組みをしています。BBCもよくやっています。テレビや映画だけでなく、文化的な生産のあらゆる形態やモードで、学問的な知は表現できるのです。演劇から音楽にいたるあらゆる高度な文化的生産形態と、大学が協力している姿を想像してみてください。どの学部にもアーティスト・イン・レジデンスがあり、そこには常に質の高いアーティスト、たとえば映画監督や画家といったアーティストがいるとしましょう。その人たちが、研究グループの一員として、まったく自由に創造を行うのです。

無論、哲学者が、映画監督に次の映画のテーマを提案するわけではありません。それはアーティストが自分で考えるべきことです。しかし、哲学者とアーティストが出会って話すことで、最高の形で知と文化が融合するのです。これが一種の市民宗教を生み出すことになるでしょう。なぜなら、知が民主的なコミュニケーションのあらゆる可能なチャネルを通じて流通していくからです。これこそが市民宗教の新しいモデルです。それは当然のように思えるのですが、一度もこれまで生じたことはありません。

中島　少し前に韓国の延世《ヨンセ》大学と東京大学で、「オープン・フィロソフィー」と題した講演をしました。これにはふたつの意味があります。ひとつは、公共に開かれている哲学ということです。これはとてもシンプルな意味ですね。

しかしそこには、無防備な哲学というもうひとつの意味があります。「無防備都市（オープン・シティ）」、つまり平和のために武器を放棄した都市のようなものです。おそらく哲学は、開かれた哲学＝無防備哲学として機能することで、人々が新しい映画などについて話すことができる分野を開くことができるでしょう。そして、それは人々が自分の人生に関与するプロセスを回復するためのサポートでもあるのです。

▼新しい世代へのメッセージ

中島　もし、ガブリエルさんが哲学に興味をもつ若い世代にアドバイスを求められたら、その人たちに真っ先に何を伝えますか。

MG　最も現代的なものを研究すべきだということですね。わたしたちがこれまで議論してきたような、馬鹿げたイデオロギーをもたない制度を作ることは、教授であるわたしたちにかかっています。ユダヤ＝キリスト教の価値システム、あるいはイスラームを嫌悪する思想が馬鹿馬鹿しい憶説であることは教えなければいけません。ヘーゲルやシェリング、朱子や老子、あるいはデリダなど、何を教えるにしても、二一世紀の精神で教えなければなりません。

わたしたちがすべきことはそれだけです。ハイデガーの暗黒面などを伝える必要はありますが、それがもう意味をなさないこと、完全に無意味な考え方だということがわかるように教えなければなりません。それは、いわばユダヤ＝キリスト教的な西洋の存在神学と結びついていた心の枠組みにすぎません。それは、わたしたちがすでに脱構築したはずのものなのです。

したがって、わたしたちは若い世代に対して、古典的な存在神学はまったくおかしい考え方だと思えるように、接しなければなりません。存在神学が存在するという事実を伝えると同時に、それが明らかに無意味であることを伝えるのです。そこにはいささかの可能性もないと言わなければなりません。このような考え方がいかに間違ったものであるかを、最初から証明しなければならないのです。

▼偶然に開かれた存在への変容

中島　最後の質問です。ガブリエルさんは、哲学的な意味での「変容」をどのように考えているのでしょうか。あなたの哲学的な戦略は変容のプロセスに触れるものだと思います。それは単なる自己変容ではなく、もっと深い変容、世界とともに変容することを示唆しているのではないでしょうか。そこには本当に複雑な構造があります。

もしそうした変容が成功すれば、社会的想像においても、偶発性をともなった変化が現れるかもしれません。そうすれば、まったく新しい社会の姿も見えてくると思います。

MG　ええ、まさにそうです。そのきっかけになるものはもう始まっています。中島さんが描いてくれたことこそ、わたしの目的なのです。これは、協力的なグローバルな企てでなくてはなりません。

中島さんがやっていることはそのようなことです。多くの人がその可能性を注視しています。それは、新しい社会モデルのための新しい空間なのです。この空間はたとえローカルな伝統をもつ人々が集うにしても、純粋にコスモポリタン的な空間です。そして、この空間に多くの人が集まれば集まるほど、新しい社会モデルのために必要な変容のきっかけとなる可能性が高くなります。

なぜなら、そのような変容がなければ何かが死んでしまうことは、企業のトップや政府の高官も含めて、基本的に誰もが気づいているからです。死んでしまうのは人類かもしれません。それはわかりませんが。

生態学的な破局、新しい強制収容所、グローバルな第二のヒトラーの登場など、現代の想像力のなかには破局的なシナリオが書き込まれていて、多くの人々の心を占めています。なぜ人々はこれほど深く心配しているのでしょうか。それは誰もが、何らかの変容、深い変容が必要だと感じているからです。

そして、その深い変容は哲学から出てくるのだと思います。哲学だけが変容をもたらす唯一の場所なのです。科学、技術、宗教、政治、アートには難しいと思います。アートが一九九〇年代にそれをやろうとしたときには、歴史の終わりについて考えていました。あらゆるところに小さな民主主義があり、残りの歴史は、ポストモダンでカラフルな、巨大パーティーになるだろうと考えていたのです。でも、そうはなりませんでした。ですので、わたしは、アートは解放的な力にはなれないと思っています。それは哲学でなければならないのです。

中島 そうですね。わたしは、人間（human being）の代わりに、「人間的になること（human becoming）」、さらには「ともに人間的になること（human co-becoming）」を、哲学的な表現方法として使うべきだと考えています。あるいは、今回の対話でも話した「花」のイメージを生かして「人間的に花すること（human flowering）」と言った方が適切かもしれませんね。これは、偶然に開かれた存在についてのガブリエルさんの解釈とも深く関連しています。わたしたちの社会の根本的な変容のために、このような「人間的に花すること」という概念から始めることができるかもしれません。

ありがとうございました。

おわりに

「一なる全体」に抗するために――中島 隆博

▼ガブリエルさんとの邂逅《かいこう》

マルクス・ガブリエルさんとはじめて会ったのは、二〇一八年六月のことであった。当時、東京大学のカブリ数物連携宇宙研究機構の機構長であった村山斉さんに誘われて、マルチバース宇宙論を唱えている野村泰紀さんと四人で午後ずっと語り合ったのである。そのときにはすでに『なぜ世界は存在しないのか』の日本語版が出ていたが、わたしは実は、その翻訳者でありベンヤミンを研究している清水一浩さんが健在であったことの方を喜んでいたのである。

そういうわけで、さしたる準備もせずに四人の座談会に臨んだのだが、意外なことの連続であった。そのなかでも、いきなり中国の六朝期の哲学者である王弼の話になったことには驚かされた。

何でもガブリエルさんは学生時代に中国哲学も研究していて、それが自分のシェリング研究にも大きな影響を与えたというのである。わたしの友人である志野好伸さんが紹介したルドルフ・G・ヴァーグナーという王弼研究者と一緒に王弼を研究したというのだ。ドイツ観念論と分析哲学を駆使して、「新実在論」や「新実存主義」を展開しているドイツの研究者が、中国哲学に関心があるとは思ってもいなかったが、俄然《がぜん》関心をかき立てられた。

その後、マルチバース宇宙論や、複数性という概念そのものについても議論したが、印象的だったのは、「ポスト世俗化」というハーバーマスの概念に反応したことであった。その当時、わたしは世界各地で起きている宗教復興の問題に取り組んでいて、ハーバーマスの言う「ポスト世俗化社会」における宗教信者と世俗の人々の間の翻訳について考えていた。それを投げてみると、宗教に対する哲学的考察を展開してくれたのである。

後から考えてみれば、後期シェリングを研究の柱にしている以上、神話もしくは神話学をどう理解するのか、とりわけ近代における宗教をどう位置づけるのかは、ガブリエルさんにとって決定的に重要な問題であったわけである。その座談会では、ハイデガー、そしてハイデガーの神学的な後継者たちに対して痛烈な批判を行っていた。

もうひとつ、ガブリエルさんと盛り上がったのは、「普遍」に対する態度であった。過度な相対主義が普遍を退けることによって、かえって特殊でしかない現状を肯定するというパラドックスを前にして、もう一度いかにして「普遍」への問い方を可能にしていくのか。この問題をずっと議論していたのである。

▼根底にある全体主義批判

その後、ガブリエルさんは、翻訳書が次々に出され、NHKの「欲望の資本主義」シリーズで取り上げられることもあって、日本ではまるで哲学のロックスターのような存在になっていった。それはそれでけっこうなことだと思いながら、しかし、なぜシェリングと王弼なのか、そしてハイデガーやハーバーマスへのあの激しい批判は何であったのかという疑問がずっともやもやと残り続けていた。そうしたなかで、今回の編集を担当してくださった服部祐佳さんから、ガブリエルさんとの対談をもちかけられたのである。

せっかく対談するのであれば著作をちゃんと読もうと思い、半年ほどかけて読み通してみたところ、ガブリエルさんの哲学運動の底には全体主義への批判があるのではないかということに思いいたった。そうであれば、ハイデガーやハーバーマスへの批判も得心がいくのである。

長い手紙を書いたのは、二〇一九年五月である。すぐに返事が来て、九月に会うことになった。ここに収めたのは、その二日間の対談の一部である。文字どおり朝から晩まで二日間話し続けたので、さすがにすべてを収録はできなかったが、ポイントが伝わるように服部さんと斎藤哲也さんが翻訳と整文をしてくださった。また、英語からのテープ起こしは、カイル・ピータースさんとルイス・テンプラードさんが担当してくださった。記して感謝申し上げます。

これがきっかけとなって、ガブリエルさんのボン大学の国際哲学センターと東京大学東アジア藝文書院が連携することになり、二〇二〇年一月には、ガブリエルさんが滞在していたニューヨーク大学にて、一緒にウィンター・インスティテュートを開催するまでになったのである。

▼「一なる全体」を解きほぐす

ガブリエルさんとわたしが、どのように全体主義を哲学的に問題化しているのかは本文を読んでいただければ詳細はわかるかと思うが、簡潔にポイントを述べておくと、一なる全体にすべてを包含しようとする諸概念（世界、存在、科学主義、資本主義等々）を批判し、より偶然や他者に開かれた地平を示そうというものである。これは現実を構成している諸力が何であるかを解きほぐすことによって、新しい普遍的な倫理を構想することに向かおうということでもある。

二〇二〇年にわたしたちは新型コロナウイルスという「未知」の災厄に直面したのだが、それがあぶり出したのは、「既知」の諸問題（格差、貧困、差別、非倫理的な大量消費、制度疲弊、神話化された科学主義など）であった。問題が何であるのかがわかっていても手当ができないような構造にすでに陥っていたのである。

ではどうすればよいのか。「新しい啓蒙」とガブリエルさんは言っているが、もう一度、全体主義、資本主義、科学技術が作り上げている巨大な渦をちゃんと理解することである。そして、その理解すること自体が、すでに現実への関与であることを忘れないようにしよう。哲学的な概念を鍛え直すことで、わたしたちの現実に対する社会的想像もまた変容しうるのだ。

本書の冒頭に、ガブリエルさんが新型コロナウイルスのパンデミックに対して寄せた文章を掲載した。そこでは、新型コロナウイルスのパンデミックに対して取られた措置を、「例外状態」として取り上げている。これはナチの全体主義を法理論から支えた、カール・シュミットの概念である。本書の内容とも深く関わるものであるため、あえて掲載した。

なお、わたし自身は、「Democracy in Pandemic」、パンデミックに陥ったデモクラシーかつパンデミックとしてのデモクラシーを考えるチャンスだと思っている。それは今度こそ万人（パン・デモス）に開かれたデモクラシーを構想することである。さもなければ、再び全体主義の悪夢、いや、より完成した全体主義というディストピアに陥りかねない。

この対話が「精神の毒に対するワクチン」になるかどうかはわからない。しかし、せめて手を洗うための水になれればとは思う。

参考文献

マルクス・ガブリエル『なぜ世界は存在しないのか』清水一浩訳、講談社選書メチエ、二〇一八年
マルクス・ガブリエル『「私」は脳ではない――21世紀のための精神の哲学』姫田多佳子訳、講談社選書メチエ、二〇一九年
マルクス・ガブリエル、斎藤幸平ほか『未来への大分岐』集英社新書、二〇一九年
マルクス・ガブリエル『新実存主義』廣瀬 覚訳、岩波新書、二〇二〇年
中島隆博『残響の中国哲学――言語と政治』東京大学出版会、二〇〇七年
中島隆博『哲学』岩波書店、二〇〇九年
中島隆博『『荘子』――鶏となって時を告げよ』岩波書店、二〇〇九年
中島隆博『共生のプラクシス――国家と宗教』東京大学出版会、二〇一一年
中島隆博『悪の哲学――中国哲学の想像力』筑摩選書、二〇一二年
中島隆博『思想としての言語』岩波現代全書、二〇一七年
伊藤邦武・山内志朗・中島隆博・納富信留責任編集『世界哲学史』全八巻、ちくま新書、二〇二〇年
カント『カント全集10――たんなる理性の限界内の宗教』北岡武司訳、岩波オンデマンドブックス、二〇一七年
九鬼周造『増補新版 偶然と驚きの哲学 九鬼哲学入門文選』書肆心水、二〇一一年
フリードリヒ・シェリング『人間的自由の本質』西谷啓治訳、岩波文庫、一九五一年
ペーター・スローターダイク『「人間園」の規則―ハイデッガーの『ヒューマニズム書簡』に対する返書』仲正昌樹編訳、御茶の水書房、二〇〇〇年
ジャック・デリダ『エクリチュールと差異』合田正人ほか訳、叢書・ウニベルシタス、法政大学出版局、二〇一三年
マルティン・ハイデガー『存在と時間』全四巻、熊野純彦訳、岩波文庫、二〇一三年
パスカル『パンセ』全三巻、塩川徹也訳、岩波文庫、二〇一五年
ユルゲン・ハーバーマス『近代の哲学的ディスクルス』全二巻、三島憲一ほか訳、岩波モダンクラシックス、一九九九年
エドムント・フッサール『デカルト的省察』浜渦辰二訳、岩波文庫、二〇〇一年
エドムント・フッサール、ジャック・デリダ序説『幾何学の起源』田島節夫ほか訳、青土社、二〇一四年
プラトン『ティマイオス／クリティアス』岸見一郎訳、白澤社、二〇一五年
エドガー・アラン・ポオ『ユリイカ』八木敏雄訳、岩波文庫、二〇〇八年
メダルト・ボス編『ハイデッガー ツォリコーン・ゼミナール』木村敏・村本詔司訳、みすず書房、一九九一年
Theodor W Adorno, *Aspekte des neuen Rechtsradikalismus*, Suhrkamp, 2019
Philip Freytag, *Die Rahmung des Hintergrunds : Eine Untersuchung über die Voraussetzungen von Sprachtheorien am*

Leitfaden der Debatten Derrida - Searle und Derrida - Habermas, Vittorio Klostermann, 2019

Markus Gabriel, *Transcendental Ontology: Essays in German Idealism*, Continuum International Publishing Group, 2011

Martin Heidegger, *Gesamtausgabe. IV. Abteilung : Hinweise und Aufzeichnungen Bd.94 Überlegungen II-VI (Schwarze Hefte 1931-1938)*, Vittorio Klostermann, 2014

Martin Heidegger, *Gesamtausgabe. IV. Abteilung : Hinweise und Aufzeichnungen Bd.95 Überlegungen VII-XI (Schwarze Hefte 1938/39)*, Vittorio Klostermann, 2014

Martin Heidegger, *Gesamtausgabe. Abteilung : Hinweise und Aufzeichnungen Bd.96 Überlegungen XII-XV (Schwarze Hefte 1939-1941)*, Vittorio Klostermann, 2014

Martin Heidegger, *Gesamtausgabe. IV. Abteilung : Hinweise und Aufzeichnungen Bd.97 Anmerkungen I-V (Schwarze Hefte 1942-1948)*, Vittorio Klostermann, 2015

Zhao Tingyang, *Alles unter dem Himmel - Vergangenheit und Zukunft der Weltordnung*, Suhrkamp, 2020

マルクス・ガブリエル

一九八〇年生まれ。ボン大学哲学正教授。同大学国際哲学センター所長。主な著作に『なぜ世界は存在しないのか』など。

中島隆博（なかじま たかひろ）

一九六四年生まれ。東京大学東洋文化研究所教授。同大学東アジア藝文書院院長。主な著作に『悪の哲学――中国哲学の想像力』など。

集英社新書一〇三二C

全《ぜん》体《たい》主《しゅ》義《ぎ》の克《こく》服《ふく》

二〇二〇年八月二二日 第一刷発行
二〇二〇年九月一九日 第二刷発行

著者……マルクス・ガブリエル／中島隆博《なかじまたかひろ》

発行者……樋口尚也

発行所……株式会社集英社
東京都千代田区一ツ橋二-五-一〇 郵便番号一〇一-八〇五〇
電話 〇三-三二三〇-六三九一（編集部）
〇三-三二三〇-六〇八〇（読者係）
〇三-三二三〇-六三九三（販売部）書店専用

装幀……原 研哉

印刷所……凸版印刷株式会社

製本所……加藤製本株式会社

定価はカバーに表示してあります。

ISBN 978-4-08-721132-0 C0210

集英社新書　　好評既刊

哲学・思想——C

偶然のチカラ　植島啓司
日本の行く道　橋本　治
「世逃げ」のすすめ　ひろさちや
悩む力　姜尚中
夫婦の格式　橋田壽賀子
神と仏の風景「こころの道」　廣川勝美
無の道を生きる——禅の辻説法　有馬頼底
新左翼とロスジェネ　鈴木英生
虚人のすすめ　康　芳夫
自由をつくる 自在に生きる　森　博嗣
創るセンス 工作の思考　森　博嗣
天皇とアメリカ　吉見俊哉／テッサ・モーリス-スズキ
努力しない生き方　桜井章一
いい人ぶらずに生きてみよう　千　玄室
不幸になる生き方　勝間和代
生きるチカラ　植島啓司
韓国人の作法　金　栄勲
強く生きるために読む古典　岡　敦
自分探しと楽しさについて　森　博嗣
人生はうしろ向きに　南條竹則
日本の大転換　中沢新一
空《くう》の智慧、科学のこころ　ダライ・ラマ十四世／茂木健一郎
小さな「悟り」を積み重ねる　アルボムッレ・スマナサーラ
科学と宗教と死　加賀乙彦
犠牲のシステム 福島・沖縄　高橋哲哉
気の持ちようの幸福論　小島慶子
日本の聖地ベスト100　植島啓司
続・悩む力　姜尚中
心を癒す言葉の花束　アルフォンス・デーケン
自分を抱きしめてあげたい日に　落合恵子
その未来はどうなの？　橋本　治
荒天の武学　内田　樹／光岡英稔
武術と医術 人を活かすメソッド　甲野善紀／小池弘人

a pilot of wisdom

不安が力になる　ジョン・キム
冷泉家 八〇〇年の「守る力」　冷泉貴実子
世界と闘う「読書術」 思想を鍛える一〇〇〇冊　佐高 信／佐藤 優
心の力　姜 尚中
一神教と国家 イスラーム、キリスト教、ユダヤ教　内田 樹／中田 考
伝える極意　長井鞠子
それでも僕は前を向く　大橋巨泉
体を使って心をおさめる 修験道入門　田中利典
百歳の力　篠田桃紅
ブッダをたずねて 仏教二五〇〇年の歴史　立川武蔵
イスラーム 生と死と聖戦　中田 考
「おっぱい」は好きなだけ吸うがいい　加島祥造
アウトサイダーの幸福論　ロバート・ハリス
科学の危機　金森 修
出家的人生のすすめ　佐々木 閑
科学者は戦争で何をしたか　益川敏英
悪の力　姜 尚中

生存教室 ディストピアを生き抜くために　内田 樹／光岡英稔
ルバイヤートの謎 ペルシア詩が誘う考古の世界　金子民雄
感情で釣られる人々 なぜ理性は負け続けるのか　堀内進之介
永六輔の伝言 僕が愛した「芸と反骨」　矢崎泰久・編
淡々と生きる 100歳プロゴルファーの人生哲学　内田 棟
若者よ、猛省しなさい　下重暁子
イスラーム入門 文明の共存を考えるための99の扉　中田 考
ダメなときほど「言葉」を磨こう　萩本欽一
ゾーンの入り方　室伏広治
人工知能時代を〈善く生きる〉技術　堀内進之介
究極の選択　桜井章一
母の教え 10年後の『悩む力』　姜 尚中
一神教と戦争　橋爪大三郎／中田 考
善く死ぬための身体論　内田 樹／成瀬雅春
世界が変わる「視点」の見つけ方　佐藤可士和
いま、なぜ魯迅か　佐高 信
人生にとって挫折とは何か　下重暁子

a pilot of wisdom

集英社新書　好評既刊

すべての不調は口から始まる
江上一郎　1020-I

むし歯や歯周病などの口腔感染症が誘発する様々な疾患、口腔ケアで防ぐためのセルフケア法を詳述！

香港デモ戦記
小川善照　1021-B

ブルース・リーの言葉「水になれ」を合い言葉に形を変え続ける、二一世紀最大の市民運動を活写する。

朝鮮半島と日本の未来
姜尚中　1022-A

「第一次核危機」以降の北東アジア四半世紀の歴史を丹念に総括しつつ進むべき道を探った、渾身の論考。

音楽が聴けなくなる日
宮台真司／永田夏来／かがりはるき　1023-F

音源・映像の「自粛」は何のため、誰のためか。異を唱える執筆陣が背景・構造を明らかにする。

ことばの危機　大学入試改革・教育政策を問う
阿部公彦／沼野充義／納富信留／大西克也／安藤　宏
東京大学文学部広報委員会・編　1024-B

「実用性」を強調し、文学を軽視しようとする教育政策はいかなる点で問題なのか。東大文学部の必読講演録。

国家と移民　外国人労働者と日本の未来
鳥井一平　1025-B

技能実習生に「時給三〇〇円」の奴隷労働を強いる日本社会が、持続可能な「移民社会」になる条件を解説。

「慵斎叢話」15世紀朝鮮奇譚の世界
野崎充彦　1026-D

科挙合格官僚・成俔が著した、儒教社会への先入観を打ち破る奇異譚を繙く、朝鮮古典回帰のすすめ。

LGBTとハラスメント
神谷悠一／松岡宗嗣　1027-B

いまだに失言や炎上事例が後を絶たない分野の「よくある勘違い」や「新常識」を実践的に紹介する。

変われ！　東京　自由で、ゆるくて、閉じない都市
隈　研吾／清野由美　1028-B

コロナ後の東京はどう変わるのか。都市生活者に「小さな場所」という新たな可能性を提示する。

「生存競争《サバイバル》」教育への反抗
神代健彦　1029-E

低迷する日本経済を教育で挽回しようとする日本の教育政策への、教育学からの反抗。確かな希望の書！

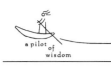